Bernadette Heim

Die Socke bringt es an den Tag

LEINPFAD
VERLAG

© Leinpfad Verlag
Oktober 2007

Umschlag: kosa-design, Ingelheim
Layout: Leinpfad Verlag, Ingelheim
Druck: Druckerei Wolf, Ingelheim

Leinpfad Verlag, Leinpfad 5, 55218 Ingelheim,
Tel. 06132/8369, Fax: 896951
E-Mail: info@leinpfadverlag.de
www.leinpfad-verlag.de

ISBN 978-3-937782-60-7

Inhalt

Die Socke bringt es an den Tag 7
Der Computer ist männlich 8
Expedition Himalaya oder: Ein Familienausflug 10
Kaffeemaschine – Höllenmaschine 11
Der Vereinsmeier, ein aussterbendes Exemplar 13
Geheime Leidenschaft: Sammeln und Suchen 15
Die Qual der Wahl 16
Das Mama-Auto 18
Das Papa-Auto oder: Der Lack ist ab 20
Blond, mit Sonnenbrille 21
Gefühlte Temperatur 23
Den Schluss verpasst 24
Der Klatsch hinterm „Spiegel" 26
Lob, das Schmieröl für Männer 28
Silvester allein zu Haus 29
Warten auf das Eilezimmer 31
Komm, wir ziehen vor Gericht 32
Kurt und das Parfüm 34
Sagen Sie „Rechnung" 36
Essen nach Zahlen 37
Hochleistungsmodell im Mäusedesign 39
Der Rasenmäher-Mann 40
Steriler Wohnen mit Zweitküche und Garagendusche 42
Von Beileidsbekundungen per E-Mail
bitten wir abzusehen 43
Wie viele Schuhe braucht der Mann? 44
Die Heuschreckenplage 46
Feng Shui 48
Mr. Right und das Verfallsdatum von Frauen über 30 49
Gestern noch „flotte Endvierzigerin" und
morgen schon „Anfang 50" 51

Ein ausgeklügeltes Verspätungssystem:
Die Bahn macht mobil   52

In größter Not   54

Die Entrümpelungskrise   55

Versteckspiele in der Kühltruhe   57

Der Schornsteinfeger im Dezember   58

Die süße Verführung   60

Schließlich heißt es Muttersprache   61

Ampel-Lachen, Ampel-Fitness   63

Wir kriegen jedes Auto voll!   65

Der emanzipierte Mann   66

Beherrscht bis in die Ohrläppchen   68

Keine Harley oder: Das Leben verpasst   70

Die Bedienungsanleitung zur Bedienungsanleitung   71

Auto, die 1.: Wenn der Kopf nicht angewachsen wäre ...   73

Auto, die 2.: Die unendliche Geschichte   74

Von Hoch- und Tiefstaplern   76

Der Geheimbund der Hausgeräte   77

Der Frühlingskater   79

Von Natur aus schön   80

Doktor Ersatzteillager   82

Mit George Clooney in der Umkleidekabine   83

„Sie hat immer nur Anschläge, und ich hab die Arbeit",
sagt mein Mann   85

Fußschweiß erfüllt den Tatbestand
der Körperverletzung   86

Männer am heimischen Herd:
Emanzipation hat ihre Grenzen!   87

Mit den Argusaugen einer Frau   89

Einkauf mit System   91

Mein T-Shirt, die Schokolade und ich   92

Friedensnobelpries für Lutz Heim   94

Die Autorin   96

Alles muss raus! Renovieren ist angesagt.

Wir tun das nicht sehr oft, denn wir wissen aus Erfahrung, was das bedeutet.

Den Ernst der Lage habe ich erst begriffen, als ich mich bereit erklärt habe, beim Ausräumen des Zimmers behilflich zu sein. Das ganze Jungenzimmer steht Kopf. Was ich damit ausdrücken will: Jetzt steht es richtig Kopf!

Der Schrank war schnell leer geräumt – war ja auch so gut wie nichts drin. Das liegt wohl daran, dass alle Klamotten sowieso auf dem Fußboden, auf dem Bett oder auf dem Schreibtisch liegen. Waschkörbeweise klaube ich die Kleidungsstücke vom Boden auf. Habe ich dieses T-Shirt nicht erst gestern gebügelt und gefaltet in den Schrank gelegt? Jetzt liegt es wie ein Fußabtreter auf dem Boden. Wollmäuse haben sich des T-Shirts bemächtigt. Also, wieder ab in die Maschine.

Zwei Tüten mit Papiermüll, Biomüll, bestehend aus getrockneten Teebeuteln und anderen Biokulturen, haben wir auch schon entsorgt. Mit letzter Kraft löse ich den Löffel aus dem Jogurtbecher. Beide sind zu einer vollkommenen Einheit verschmolzen und dann zusammen hart geworden.

Nachdem nun alle Müllberge abgearbeitet sind, habe ich ein fast jungfräuliches Zimmer vor mir. Der Schreibtisch und das Bett müssen auch raus, höre ich das Kommando meines Mannes. Der Schreibtisch ist schwer wie Blei, den müssen wir also noch leer machen. Ich überlasse diese Schwerstarbeit den Jungs und kümmere mich um Bettgestell und Matratze.

Ach, hätte ich doch den Schreibtisch gewählt! Dann wäre mir die aufregendste Entdeckung, seit Socken in wahren Bermudadreiecken verschwinden, erspart geblieben: Zwischen Lattenrost und Matratze geben sich Puma, Adidas und Nike ein Stelldichein. Sämtliche vermissten Socken haben sich mit

Wollmäusen verbündet. Ich müsste eigentlich jubeln vor Freude, meint mein Sohn zu mir, schließlich würden jetzt wieder alle Socken zusammenpassen.

Aber nein, ich bin zutiefst deprimiert. Vor zwei Tagen habe ich beschlossen, dass alle Socken, die in den letzten zwei Jahren keinen Partner gefunden haben, in die Altkleidersammlung kommen.

Unwiederbringlich verloren.

Was kümmern mich da noch eine Unterhose, meine Haarbürste und zwei leere Coladosen? Ja, selbst die klebrigen Bonbons und die Bonbonpapierchen, ein Haargummi (wie kommt ein Haargummi zwischen Matratze und Lattenrost, wenn der Sohn kurze Haare hat?!?) lassen mich kalt.

Der Tag, an dem ich die Socken wieder fand, wird mir immer im Gedächtnis bleiben.

DER COMPUTER IST MÄNNLICH

Wir haben eine Beziehungskrise.

Kein Wunder, sagt mein Mann, schließlich würde ich auf ihm herumhacken und ihn in keiner Weise pfleglich oder gar sanft behandeln. Außerdem, so meint er weiter, hätte ich zu ihm auch nie eine echte, tiefe Beziehung aufgebaut. Es noch nicht einmal versucht. Ich würde mich ihm verschließen und ihn nur benutzen.

Ich gestehe, der Vorwurf schmerzt, entspricht er doch der Wahrheit. Es mag daran liegen, dass er sich mir gegenüber eben sehr störrisch gebärdet. Manchmal ist er richtig unbeugsam. Und immer setzt er seinen Willen durch. Er beherrscht mich und nicht ich ihn, wie es eigentlich der Fall sein sollte. Ich bin nun mal keine Meisterin und habe es seit unserem Zusammensein gerade mal geschafft, die grundlegenden

Handgriffe zu verinnerlichen. Ich drücke hier, und drücke da, und warte auf das Wunder, das sich partout nicht einstellen will. Es passiert nichts. Oder noch viel schlimmer: Es geschehen Dinge, die ich gar nicht wollte. Unvorhersehbares Unheil habe ich schon oft mit meiner Unbedarftheit heraufbeschworen. Und wehe, wehe mir, wenn ich in solchen Augenblicken der Empörung meiner Entrüstung Ausdruck gebe und meinen Göttergatten mit meinen Ausbrüchen belästigte. Dafür hat er nun überhaupt kein Verständnis.

Wie, Sie würden niemals Ihren Mann mit so einer Sache behelligen?

Nun, offen gestanden, ich bin jetzt auch zu diesem Entschluss gekommen. Man wird weise mit der Zeit. Nie mehr werde ich meinen Mann um Hilfe anflehen, wenn sich mein Computer meiner Autorität entzieht.

Da halten die Herren der Schöpfung schon zusammen. Denn der Computer – das habe ich in unserer Beziehung begriffen – ist eindeutig männlich. Vergleiche: Die Waschmaschine, die ist erkennbar weiblich. Bedienerfreundlichkeit inbegriffen.

Aber der Computer, der macht einfach, was er will. Er frisst ganze Buchstaben, hat schon ganze Zeitungsartikel gehäckselt und ständig verändert er sein Erscheinungsbild. Das tut er immer dann, wenn ein männliches Familienmitglied daran gesessen hat. Sie nennen es arbeiten, ich nenne es Fehler installieren.

Mein Mann schüttelt ob meiner Dummheit den Kopf. Er ist der festen Überzeugung, dass ein Computer – und er schließt den meinen da nicht aus – nur das tut, was man ihm sagt, korrekt: eingibt. Wenn ich meinen Mann also recht verstehe, bin ich doch in jedem Fall die Dumme. Männer halten eben immer zusammen. Ich hätte es wissen müssen.

Seit etwa einer Stunde ist mein Schatz in der Garage verschwunden.

So langsam möchte ich los, am besten noch, bevor die große Mittagshitze kommt. „Schatz, wir sind fertig, wir könnten schon längst weg sein!", rufe ich ihm deshalb zu.

Keine Antwort.

Ich schaue lieber mal nach, man kann ja nie wissen. „26er-, 28er-Fahrradschlauch, Schraubenzieher, Reparaturkit, Schleifpapier, 10er Schlüssel, alles dabei. Öl, Ersatzkette, Plastiktüte für den Sattel", murmelt er vor sich hin. Er schließt die prallvollen Satteltaschen und tätschelt sie wie einen Gaul.

„Wohin, bitteschön, soll unser Proviant, wenn du die Taschen mit deinen Sachen vollstopfst?", frage ich vorwurfsvoll.

„Essen kann man unterwegs überall kaufen, aber finde mal an einem Sonntag einen passenden Fahrradschlauch", belehrt er mich.

Ich kann nur den Kopf schütteln.

„Vielleicht nimmst du besser noch ein bis zwei Ersatzfahrräder im Anhänger mit! Wir sind doch nicht der Tross der Tour de France", spotte ich.

Das „Sicherheitspaket" meines Mannes kann sich sehen lassen. Wenn wir auf Fahrradtour gehen, meint man, wir würden zu einer Expedition in den Himalaja aufbrechen. Noch nie, niemals, haben wir sein Überlebenskit gebraucht. „Es gibt immer ein erstes Mal", mahnt mein Gatte und strotzt vor Selbstbewusstsein. Ich packe noch schnell einen kleinen Picknickrucksack in meinen Fahrradkorb und dann geht's los.

Pfffffft ... Wir sind noch keine zehn Kilometer von zu Hause weg, da verliere ich Luft aus einem Reifen. Ich halte an, greife zur Luftpumpe – habe ich selbstverständlich auch dabei – und pumpe das Rad auf. Doch schon nach wenigen Metern wird mir klar: Da ist mehr kaputt! Nein, so was ist mir doch noch nie passiert. Welch eine Schmach! Ausgerechnet mein Rad macht schlapp.

Sehe ich da ein triumphierendes Lächeln auf den Lippen meines Mannes? Doch er bleibt cool. Ganz Gentleman begibt er sich vor mir auf die Knie. Mit fachmännischem Blick hat er den Schaden erkannt.

„Reparieren oder austauschen?", fragt er mich.

„Austauschen geht schneller", muss ich kleinlaut bekennen und leiste im tiefsten Innern Abbitte.

Nur gut, dass mein Mann an alles gedacht hat. 26er-Schlauch ist nämlich die Größe meines Rades. Ich werde die Gelegenheit nutzen, den Picknickkorb auszupacken. Für etwas muss ja auch ich gut sein.

„Schatz, hast du in deinem Überlebenskit vielleicht auch einen Korkenzieher?"

Beschämt muss ich noch eingestehen, dass ich zwar an die Getränke, nicht aber an das nötige Utensil gedacht habe.

Diese Runde geht eindeutig an ihn.

KAFFEEMASCHINE – HÖLLENMASCHINE

So eine Höllenmaschine kommt mir nicht ins Haus!

Ich wehre mich mit Händen und Füßen gegen die Anschaffung. Nein, nein und nochmals nein! Schließlich bin ich doch zu guter Letzt wieder diejenige, die sich mit dem Putzen und Säubern beschäftigt: Schluss, aus!

Doch mein Schatz lässt nicht locker. Er ist bekennender Kaffeefan und liebt seine dampfende Brühe über alles. Diese neuen Maschinen – ich weiß, so neu sind die gar nicht mehr – haben es ihm angetan. Ein Knopfdruck, die Maschine summt und brummt und brüht eine Tasse duftend frischen Kaffee für ihn auf.

So weit, so gut.

„Du kaufst dir nur Arbeit mit so einem Gerät", hat mich eine liebe Freundin schon vor langer Zeit gewarnt. Und teuer, teuer ist es obendrein. Da wird die private Tasse Kaffee plötzlich zum Kostenfaktor.

Doch mein Schatz lässt sich durch meine Argumente nicht beirren. Er schwärmt: „Stell dir vor, du kannst einen Espresso (er weiß, dass ich bei Espresso schwach werde) oder einen Cappuccino mit aufgeschäumter Milch zubereiten, alles mit nur einem Gerät."

Was hat noch meine Freundin gesagt? Arbeit, nichts als Arbeit. Sie lässt seit geraumer Zeit keine Milch mehr durch das Gerät aufschäumen. Milch wird bekanntermaßen sauer und saure Milch bleibt in dem Aufschäumröhrchen hängen. Was konzertierte Säuberungsaktionen zur Folge hat. Seither macht sie die Milch in der Mikrowelle heiß und schäumt sie separat auf.

Geht ja auch.

Espresso, so habe ich mir sagen lassen, Espresso sei weit weniger aufwändig.

Ein Punkt für meinen Schatz und seine Argumente. Doch gleich darauf werde ich schon wieder auf den Boden der Tatsachen zurückgeholt. „Ihr wohnt doch in Bingen, da ist das Wasser viel zu kalkhaltig. Du wirst einen Kalkfilter benötigen, sonst ist die Maschine ständig kaputt." Kaputt – das ist mein Stichwort. Ständig blinkt irgendein Lämpchen und verlangt Aufmerksamkeit. Nein, man muss keinen Installateur kommen lassen, man kann alle Probleme selbst beseitigen, wenn man genügend Zeit hat. Auch das Problem mit dem kalkhaltigen Wasser ließe sich in den Griff bekommen, belehrt mich meine Freundin. Sie kauft jetzt stilles Mineralwasser in Kanistern und verzichtet auf Wasser aus der Leitung.

Allen Gegenargumenten zum Trotz. Was soll ich sagen – mein Mann hat gewonnen.

Seit neustem haben wir so eine Höllenmaschine. Und jetzt kommt Besuch, wir wollen die tolle Maschine natürlich vorführen. Ständig laufe ich herum, um einen frischen Kaffee zu brühen. „Wir könnten uns auch selbst bedienen, setz dich nur hin", sagt mein Besuch. Mein Mann wird bleich. Um Himmels willen, man lässt Gäste nicht an dieses teure Gerät, sagt sein Blick. Ich komme auf die Idee, meine alte Kaffeemaschine heimlich im Keller aufzustellen, damit ich mal fünf Minuten in Ruhe Kaffee trinken kann. Gesagt, getan. Die gute alte Thermoskanne erfüllt so auch noch ihren Zweck.

„Der Kaffee schmeckt einfach besser aus so einer tollen Maschine", sagt mein Mann.

DER VEREINSMEIER, EIN AUSSTERBENDES EXEMPLAR

Heimkommen, umziehen, weg! Kein „Hallo", kein „Tschüss".

Mein Göttergatte hatte soeben ein kleines Gastspiel zu Hause. Was sag ich? Sein Kommen und Gehen hatte mehr etwas von einem Tornado. Einmal durch das Haus gefegt, weg war er.

„Muss los! Vorstandssitzung!"

Mehr Information hat er mir nicht gewährt.

„Der Armin hat angerufen. Ich ...!"

Weiter kam ich nicht.

Dabei war ich sicher, dass die Nachricht, die ich kurz zuvor erhalten hatte, den Vorstand brennend interessiert hätte.

Mein Rufen verhallte ungehört. Übrig blieben eine schwache Handbewegung und ein aufgesperrter Mund. Ich sah aus, wie ein Fisch an Land, der nach Luft schnappt.

Was soll's, denke ich, es ist nicht zu ändern. Sein Handy hat er sowieso nicht an, wenn er zur Vorstandssitzung geht. „Da will und darf ich nicht gestört werden. Außerdem", so hat er mich belehrt, „kostet jedes Handyklingeln Strafe." Also, dann eben nicht.

Mich nervt es sowieso, dass ich hier mit der Zeit zu seiner Vorstandssekretärin mutiert bin. Den Job wollte ich nun überhaupt nicht. Bin ja auch nicht gewählt. Doch als Ehefrau eines Vorsitzenden bleibt mir das nicht erspart. Im Gegenteil, ich bin, Kraft seines Amtes, sofort und ohne jede Gegenwehr zuständig! Eingeteilt zum Kuchenbacken beispielsweise. Ich darf mich auch darum kümmern, dass andere Frauen, meist die Ehefrauen der Vorstandsmitglieder, ebenfalls Kuchen backen, Kaffee kochen, in der Küche helfen. Natürlich bin ich, ebenfalls Kraft seines Amtes, von morgens bis abends in der Küche eingeteilt. Nicht, dass ich das so gewollt hätte. Nein, es hat sich nur niemand sonst bereit erklärt. Zuvor habe ich noch die Festfahnen genäht, dabei kann ich gar nicht nähen. Die Handzettel im Ort haben die Kinder verteilt. Wer sonst? Die ganze Familie war und ist eingespannt. Wir sind der Vorstand! Man wird quasi in so ein Amt geboren, haben meine Söhne eines Tages festgestellt. Gewählt war nur der Herr Papa. Wir standen damals nicht auf der Liste, der Jüngste war noch nicht einmal geboren. Jetzt hat er gewissermaßen schon das Erbe seines Vaters angetreten. Hin und wieder vertritt er seinen Vater, wenn er es zeitlich nicht geschafft hat. Unser Filius ist, ganz nebenbei, auch Trainingsweltmeister. Neben seinem eigenen Training trainiert er noch, meist in Vertretung seines Vaters, die ganze Mannschaft.

Ich kenne ganze Familienverbände, bei denen es so oder zumindest so ähnlich zugeht.

Dabei gehört mein Mann einer aussterbenden Rasse an. Der Vereinsmeier an sich geht langsam aber sicher vor die Hunde. Es sei denn, es gelingt ihm, die komplette Familie mit diesem Vereinsvirus zu infizieren. Dann dürfte der Verein keine Zukunftsprobleme haben.

Ich grüße herzlich alle Vereinsmeierfamilien!

Sage mir, was du sammelst, und ich sage dir, wer du bist.

Mein Mann sammelt Schrauben. Er sammelt auch Muttern. Nur passen meist die Muttern nicht zu den Schrauben und umgekehrt. Erst neulich hat er meine Waschmaschine auseinandergebaut und alle Schräubchen und Kleinteile fein säuberlich nebeneinandergelegt. Später hat er die Maschine wieder zusammengebaut. Dass noch ein paar Schrauben übrig waren, hat ihn nicht gestört. Sie kamen ins Schraubenkästchen zu den anderen Kleinteilen.

Mein Schatz sammelt auch Bretter, Dachlatten, alte T-Shirts (als Putzlappen). Er sammelt überhaupt alles, was man irgendwann, irgendwie noch gebrauchen kann.

„Reden wir doch mal darüber, was du so alles sammelst", hat er süffisant bemerkt und mir eine ganze Batterie leerer Parfümfläschchen unter die Nase gehalten.

„Die sehen wenigstens schön aus und riechen gut", pariere ich.

Das hat mir gerade noch gefehlt, dass mein Mann mir vorhält, was ich sammle! Nun, von den Puppen bin ich los. Sie haben wirklich zu viel Platz weggenommen. Nur noch Brunhilde und Brigitte und der Teddybär Hans sind Relikte meiner einstigen Sammelwut. Ich sammle Knöpfe und Schnürsenkel. Das habe ich von meiner Mutter gelernt. Knöpfe kann man immer brauchen. Mein Mann kommentiert das mit: „Ja, wenn man sie auch mal annähen würde. Im Nähkästchen nutzen sie meinem Hemd wenig." Warum er nur so sarkastisch ist? Bloß weil ich ihm die Sammlung der Schrauben und Muttern vorgehalten habe?

Nägel sammelt er übrigens auch. Selbst größere Steine aus dem Garten werden bei uns aufgeschichtet. Vielleicht kann man sie ja noch mal brauchen. Ich sammle wenigstens sinnvolle Dinge. Bücher beispielsweise. Da hat man doch ein Leben lang dran. Niemals könnte ich mich von einem Buch trennen. Das ist für mich eine Verbindung fürs Leben. Doch, wohin damit? Alle Regale sind voll. Sie stehen schon in Zweierreihen. „Diese alten Schinken wirst du nie mehr lesen, warum wirfst du sie nicht weg?" Ein Buch wegwerfen? Niemals. Verschenken? Aber wem? „Fahr mit der Bahn und lass es liegen, das macht man heute so", klärt mich mein Sohn auf. Ich überlege noch. Ich sollte die Bücher vielleicht in eine Kiste packen und auf den Speicher bringen. Noch während ich darüber sinniere, rüttelt mein Mann an dem kleinen Holzkistchen.

„Finger weg! Da sind meine Buttons drin!"

„Wie, Buttons? Sag bloß, du hebst die alten Dinger auf? Die sind doch wertlos."

Ich kämpfe wie eine Löwin um diese für mich so wertvolle Sammlung. Zehn Jahre „Bingen swingt" habe ich in diesem kleinen Kästchen. „Wenn du die anfasst, werfe ich all deine Schrauben und Muttern weg."

Das zieht, ich wusste es.

DIE QUAL DER WAHL

Meine Jungs leben ein leichtes und lockeres Leben.

Sie wissen nichts von den alltäglichen Qualen der jungen Mädchen ihres Alters. Sie ahnen nicht, welche Entscheidungen schon morgens zwischen sechs und sieben Uhr gefällt werden wollen. Sie können sich nicht im Entferntesten ausmalen, dass es ein Problem sein könnte, wenn das Rot der Schultertasche nicht mit dem Grün des T-Shirts korrespondiert. Sie haben sich noch nie der Entscheidung stellen müssen: Passt dieser Schuh zum restlichen Outfit?

Diese Qual der Wahl ist ihnen fremd. Was für ein Geschenk!

Ich bin ja bekanntermaßen die einzige Frau in unserem Haushalt. Weil ich zur grünen Jacke den passenden Schal, zur grün gestreiften Bluse gar die passenden Schuhe und eine farblich abgestimmte Handtasche wähle, gelte ich daher bei uns daheim als nicht mehr ganz zurechnungsfähig.

Nun, was für uns gestandene Frauen gilt, ist für die modebewusste junge Dame ein absolutes Muss. Da ich selbst keine Töchter habe, muss ich zwecks Recherche gewissermaßen in fremden Revieren auf die Pirsch gehen.

„Meine Tochter hat für jeden Anlass das passende Täschchen. Sie packt täglich und an manchen Tagen sogar mehrmals ihre Siebensachen um." Sie schmückt sich gar mit der farblich abgestimmten Haarschleife und selbst der Gürtel spiegelt die Farbe des Tages wider. Alles in allem besitzt die modebewusste Tochter etwa fünfzehn Handtaschen und die Gürtel noch dazu.

Die Mutter erntet einen herablassenden Blick und einen vernichtenden Kommentar: „Du bist doch keine normale Frau, du hast ja nur eine einzige Handtasche. Das dürfen meine Schulfreundinnen niemals erfahren. Mama, kauf doch mal was Modisches, etwas mit mehr Pfiff."

Die so gescholtene hebt prüfend ihre Handtasche hoch und siehe da – alles passt zusammen! Sie verkörpert eben mehr den klassischen Typ und trägt zur beigefarbenen Hose ein schwarzes Top. Eine andere Tasche wäre Frevel. Ihre, dezent in schwarz und beige, verleiht dem Outfit die weibliche Note. Und auch die Tatsache, dass das Töchterchen ständig etwas in einer ihrer vielen Taschen sucht, bestärkt sie nur darin, sich mehr für die klassische Linie zu begeistern.

Außerdem: Ihr fehlt der Platz im Haus. Vor der Zimmertür der Tochter verläuft nämlich eine Stange an der Wand, ähnlich der in den Geschäften. Dort hängen in Reih und Glied die passenden Gürtel zu den Taschen, auf dem Fußboden versammeln sich seit neuestem die farblich abgestimmten Schuhe.

Wie schon gesagt, meine Jungs haben es bedeutend leichter: Sie schlüpfen einfach hinein, Hauptsache bequem, und machen sich keine Gedanken, ob das farblich alles in Ordnung ist.

Das Mama-Auto

Was wäre ich ohne Auto! Ein Nichts, ein Niemand! Aufgeschmissen!

Jawohl, ohne mein Auto wäre ich aufgeschmissen. Es ist so ein herrlich unkompliziertes und zuverlässiges Gefährt. Dieses Auto steht vor meiner Tür wie ein Wachhund und wartet nur auf mich. Es wartet treu und ergeben darauf, dass ich einsteige, um mich von A nach B zu bringen. Und natürlich auch wieder zurück. Mehr verlange ich nicht von meinem Auto: Fahren muss es.

Ja, fahren. Aber manchmal wird mein Auto zum Lastesel. Komischerweise hat man mein Auto zum Transportfahrzeug erklärt. Alle erdenklich sperrigen Güter – schmutzige Kinder eingeschlossen – werden ausschließlich in meinem Auto transportiert.

Ich weiß, ich weiß, das hört sich komisch an, aber die Aussage stimmt schon: Immer wenn es darum geht, dreckige Kinder irgendwohin zu transportieren, bin ich zuständig. Mein Auto, nennen wir es doch mal das Mama-Auto, hat einen anderen Stellenwert als andere Autos.

Das Mama-Auto hat nämlich eine ganz besondere Ausstrahlung. Es strahlt und glänzt (meistens) nicht, es ist eher stumpf im Lack.

Liegt an der mangelnden Pflege – sagt mein Mann!

Der Innenraum des Mama-Autos ist voller Krümel, und auf dem Boden und den Sitzen sammeln sich Bäckertüten, allesamt leer. Mit Bonbonpapierchen vollgepfropfte Aschenbecher lassen nur einen Schluss zu: Dieses ist ein Mama-Auto. An den Kindersitzen (meist sind es mehrere, da Kinder immer im Rudel auftreten) haften rote Sandspuren, die schmutzige Fußballschuhe nun mal eben mit sich bringen ... Und so wäre die Reihe vermutlich unendlich fortzuführen. Bei Freunden, das weiß ich, darf der Hund nur im Mama-Auto mitfahren, das Papa-Auto ist tabu! Schließlich verliert das liebe Haustier Haare, und eine Decke auf den Rücksitz zu legen, das wäre ja wohl zu viel verlangt! Und schon wären wir mittendrin in der Definition des Begriffs Papa-Auto: Das Papa-Auto glänzt (wird ja auch regelmäßig gepflegt!); das Papa-Auto ist *immer* superordentlich aufgeräumt: keine Bonbonpapierchen im Aschenbecher, keine Bäckertüten im Fond, kein Fitzelchen Dreck ist hier zu finden.

Wieso das möglich ist, liegt klar auf der Hand: Immer wenn es dreckig werden könnte, wird mein Auto benutzt. Ob das nun die Fahrt zum Sportplatz ist, die Fuhre Holzlatten oder der Sack Zement. Immer dann fährt mein Auto. Na klasse, da kann er auch gut protzen und mit seinem glänzenden Autochen prahlen. Selbst die weiten Strecken zum Sommerurlaub wurden mit meinem Lastesel zurückgelegt.

Aber damit ist jetzt Schluss! Meiner neuesten Erkenntnis folgend gibt es nichts Vernünftigeres, als mit dem Papa-Auto in den Urlaub zu fahren. Das wird garantiert *sofort* und zwar wirklich *unmittelbar* nach der Rückkehr auf den Kopf gestellt.

Welch eine Fürsorge. Welch eine Gewissenhaftigkeit, welch eine Gründlichkeit, welch – fast möchte ich sagen – peinliche Sorgfalt! Selbst das vermeintlich letzte Sandkörnchen wird aus dem hintersten Winkel hervorgesaugt. Sauber ist es, das Papa-Auto, blitzsauber!

Nun mal ehrlich, ich wäre doch bescheuert, würde ich es jemals wieder zulassen, dass wir mit meinem lieben Auto in den Urlaub fahren, da müsste ich ja wieder für Ordnung in der Karre sorgen ...

O weh, ein Kratzer am neuen Auto.

Schlimmer hätte es nicht kommen können. Jetzt hat das tolle Gefährt schon seinen ersten Makel – der Lack ist ab!

Offen gestanden, ich sehe die Blessur überhaupt nicht. Ich kann mich noch so sehr anstrengen, selbst mit der Lupe ist mir die „schreckliche" Verletzung am neuen Auto nicht aufgefallen. Sehschwäche ausgeschlossen. Ich kann die Aufregung überhaupt nicht verstehen. Meine Männer tanzen um das Gefährt herum wie um das Goldene Kalb.

Für mich ist ein Auto ein Auto. Ein Fortbewegungsmittel und sonst gar nichts.

Unser neues Auto hat Folgen. Es wird mit größter Aufmerksamkeit bedacht. Das Auto darf nicht mehr auf der Straße parken. Ja, wo um Himmels willen, so frage ich mich, treibe ich in der Stadt einen Garagenparkplatz auf?

Ich habe für viele Dinge Verständnis, aber jetzt bekomme ich ganz neue Verhaltensregeln mit auf den Weg: „Du sollst nicht unter Bäumen parken. Die harzen, das schadet dem Lack." – „Parke nicht zu nah an den Bahngleisen, es könnten Funken fliegen." – „Halte genügend Abstand zum Nachbarn, damit du beim Ein- und Aussteigen die Tür nicht anschlägst."

Ich nicke und hätte am liebsten „Amen" gesagt. Es klang wie die Zehn Gebote: „Du sollst Vater und Mutter ehren." Das kann ich gut nachvollziehen, aber von einer Autoverehrung habe ich noch nichts gehört.

Insgeheim beschließe ich, das neue Fahrzeug dennoch wie ein ganz normales Auto zu behandeln und gehe jeder weiteren Diskussion aus dem Weg. Ich bin froh darüber, dass meine Kinder nicht mehr im Keks- und Sabberalter sind. Ob ich in Zukunft im Auto noch essen und trinken darf? Ich frage nicht, ich beschließe es einfach zu tun.

Ein merkwürdiger Gedanke beschleicht mich. Kann es sein,

dass meine Männer diesem Auto mehr Pflege und Achtung angedeihen lassen als unserer Wohnung? Plötzlich achten sogar die Jungs auf Sauberkeit im Fahrzeug, auch sie sind vom Fieber erfasst. Das Auto ist die Nummer 1. Dann kommt lange nichts und dann komme ich. Hat mein Gatte je so von mir geschwärmt, wie jetzt von dieser Luxuskutsche? Hat er je dieses Strahlen in den Augen gehabt? Das Auto ist kein Auto, es ist eine Weltanschauung. Ich suche nach einem passenden Wort, doch selbst der Thesaurus meines Computers ist nicht in der Lage, mir einen passenden Ausdruck zu liefern: PKW, Kraftfahrzeug, Kutsche, Automobil, Verkehrsmittel – alles zu banal.

Eben sehe ich, wie mein Mann mit einem Flanellläppchen imaginäre Fingerabdrücke vom Lack seines Wagens wischt. Ist das der Mann, der auf meinem Edelstahlkühlschrank immer seine Fettfinger hinterlässt? Da muss ich hin. Du wirst lernen müssen, dass ich niemals vor deinem Auto in die Knie gehe. Im Gegenteil, ich beiße herzhaft in meine Stulle und dann … Mit einem lauten Rumms schlage ich die Autotür zu. Im Weggehen sehe ich ganz deutlich meinen Handabdruck. Ach, wie dumm, da habe ich doch tatsächlich mit Fettfingern sein neues Auto angefasst.

BLOND, MIT SONNENBRILLE

„Wer war das denn?"

Mein Göttergatte sitzt am Steuer meines Autos. Im Vorbeifahren auf der Autobahn hat uns der Fahrer des hellen BMW gegrüßt.

„Weiß ich doch nicht", antworte ich. „Heb einfach die Hand und grüß zurück."

So mache ich es schließlich auch. Wenn ich immer lange

hinterfragen wollte, wer das war und warum er mich grüßt – ich käme ja nicht mehr zum Fahren.

Aber mein Schatz will es wissen. Er will wissen, wen er da zurückgrüßt und vor allen Dingen, wer war das, der mich da grüßt.

„Das war schließlich ein Mann", sagt er und ich gebe spitz zurück: „Es gibt auf unserer Welt zwei Geschlechter, Mann und Frau. Die Auswahl ist unter den Autofahrern auch nicht größer. Außerdem", so belehre ich ihn, „kann der Autofahrer, wer auch immer er war, nicht ahnen, dass du auf dem Fahrersitz sitzt. Die grüßen mein Auto. Das blaue Ding ist schließlich bekannt."

Mein Sohn hat sich darüber auch schon beschwert. „Wenn ich in deinem Auto sitze, dann wird mir der Arm lahm. Ständig winken mir irgendwelche Leute zu." Auch ihm hatte ich den Rat gegeben: Arm hoch und durch!

Glück für mich, wenn ich in einem anderen Auto sitze. Kein Mensch erkennt mich in einem grünen Kadett.

Den mit dem hellen BMW habe ich übrigens ausfindig gemacht. Und während ich mich noch darüber freue, höre ich den Fahrer sagen: „Na, war's schön in Kreuznach?"

Ich? Kreuznach? Ich war gar nicht in Kreuznach.

„Natürlich, ich habe dich doch an der Ampel gesehen und dir gewunken. Susi sagt, es war ein blaues Cabrio."

Vielleicht gibt es davon mehrere? Kein Wunder, dass ich nicht zurückgewunken habe. Meiner Familie kann ich das ja noch beibringen, aber wildfremden Frauen werde ich wohl nicht vermitteln können, dass sie gefälligst zurückwinken, weil es in unsrem Städtchen zum guten Ton gehört, immer freundlich den Arm zu heben, egal ob auf der Autobahn, in engen Gassen oder sonst wo.

„Du warst das", behauptet Susi steif und fest. „Ich hab' dich doch erkannt. Blond und Sonnenbrille."

Jetzt wird es kritisch. Muss ich ihr jetzt erklären, dass nahezu 80% aller weiblichen Cabriofahrerinnen blond sind und eine Sonnenbrille auf der Nase haben?

Eigentlich hatte ich mich zu diesem Thema niemals äußern wollen. Aber unter den gegebenen Umständen und um möglicher übler Nachrede zu entgehen, halte ich es für durchaus angebracht klarzustellen: Ich war nicht in Kreuznach. Zumindest nicht an diesem Tag.

GEFÜHLTE TEMPERATUR

Mach die Jacke zu! Zieh einen Schal an! Kind, es ist kalt, du wirst dich erkälten.

Diese Ermahnungen aber auch. Als Kind habe ich sie gehasst, gehasst wie die Pest, wie man so schön sagt. Und heute? Ja, man glaubt es kaum: Heute rufe ich diese Sätze meinen Jungs hinterher.

Viel schlimmer noch: Ich frage sogar meinen Mann, ob er denn eine dicke Jacke im Auto liegen hätte, weil es doch plötzlich wieder so kalt geworden ist. Da kann er doch nicht nur einfach so im Jackett rumlaufen ... Kann er natürlich doch, denn er ist erwachsen und weiß selbst ganz gut, ob er friert oder nicht. Und auch meine Kinder können bestimmt selbst erkennen, ob es ihnen um die Ohren pfeift oder nicht.

Aber ich friere immer. Ich kann sogar bei 22 Grad im Wohnzimmer frieren. Ich weiß nicht, zum wievielten Male ich an die Heizung greife. Sie ist warm. Ich ziehe mir ein Sweatshirt über. Doch mir wird nicht wärmer. Und jetzt kommt der Hammer: Mein Filius spaziert im T-Shirt rum. Seinen Pulli hat er in der Hand. „Den ziehe ich später an, erst wenn ich rausgehe, mir ist es hier drin zu warm." – Puh! Wie das Kind so was sagen kann. Mir ist überhaupt nicht warm, ich möchte am liebsten unter die Wolldecke kriechen und mein Kind hat Hitze. Na ja. Mein Blick aufs Thermometer sagt mir, dass mein Kind durchaus im Recht ist. Es ist nicht kalt. Aber ich kann es nun mal nicht lassen.

Und ich weiß, ich bin damit nicht allein. Wir Mütter (Pardon, dass ich alle mit einbeziehe, es gibt sicher auch Ausnahmen) sind so veranlagt. Wir glauben aus irgendeinem Grund, dass unsere Kinder (und Ehemänner) nicht wissen, dass sie gerade frieren. Ich weiß jetzt, warum die beim Wetterdienst die so genannte ‚gefühlte Temperatur‘ erfunden haben. Nur für uns Mütter. Wenn bei draußen zehn Grad plus nur gefühlte 8,5 Grad herauskommen, ja dann muss man doch geradezu zittern. Nein?

Was ich aber an mir selbst nicht verstehe, ist Folgendes: Ich bin beim Wintersport, trage einen dünnen Fleecepulli unter der Jacke – und wahrhaft, selbst bei 15 Grad minus ist es mir angenehm warm. Ich stehe auf dem Sportplatz, trage dieselbe Kleidung bei, na sagen wir: bei drei Grad Plus, und? – richtig geraten. Ich friere. Das soll verstehen, wer will. Ich packe mich also lieber noch ein bisschen wärmer ein. Dicken Schal umgewickelt, Stirnband angezogen. Handschuhe dürfen auch nicht fehlen. Und so stehe ich da, zur Unkenntlichkeit vermummt, eingewickelt in warme Klamotten und kann mich kaum noch bewegen. Puh! Und während ich diese Zeilen schreibe, weht draußen ein kräftiger Wind. Leichtes Schneegestöber hat eingesetzt und mir ist so kalt wie nie. Ich muss nur mal schnell noch was drüberziehen, bevor ich anfange, im Büro zu bibbern.

DEN SCHLUSS VERPASST

Gerade noch habe ich die Wäsche zusammengelegt, die letzten Krümel vom Abendbrottisch zusammengefegt und jetzt will ich nur noch meine Ruhe. Entspannen. Vor dem Fernseher. Ich lege mich bequem auf die Couch, gönne mir ein Gläschen Wein und mache die Glotze an.

Schon sind meine Augen zu. „Liebling, du schläfst", sagt mein Mann.

Sofort bin ich munter. Wenn ich etwas nicht leiden kann, dann dieses gönnerhafte: Liebling, du schläfst. Soll er doch mal auf sich selber achten. Ich jedenfalls bin jetzt hellwach und lauere nur darauf, dass er tiefer ins Kissen rutscht. Er schläft nämlich auch leidenschaftlich gerne vor der Flimmerkiste. Es sei denn, es gibt Sport. Dann ist er ausgeschlafen. Gerade ist die Sportsendung zu Ende. Es kommt Werbung. Ich beobachte ihn aus halb geschlossenen Lidern. Er soll ja keinen Verdacht schöpfen. Jetzt! Die Augen sind zu und er atmet ruhig und tief. Ich kitzle ihn vorsichtig am Fuß. Er ist noch nicht ganz eingedusselt.

„Schatzi", flöte ich, „mach die Augen auf, du schläfst sonst ein."

Sofort hat er die Augen wieder offen. Das kann er nicht auf sich sitzen lassen. „Nein, Liebes, ich schlafe nicht. Ich betreibe Augenpflege. Es läuft Werbung, da werde ich ja wohl mal kurz die Augen zumachen dürfen."

Für heute bin ich zufrieden. Schließlich spielt er fast jeden Abend dieses Spiel mit mir. Lässt mich einfach nicht in Ruhe entspannen. Und dann tut er immer so gönnerhaft. „Liebling, wenn du müde bist, dann geh' doch ins Bett." Das wäre ja in Ordnung, wenn er nicht den Nachsatz liefern würde: „Du verschläfst den Film doch sowieso."

Ich? Den Film verschlafen? Welch ein Unsinn. Filme, die *mich* interessieren, verschlafe ich nicht. Und gerade läuft ein Film, der mich sehr interessiert. Das ist meine Stunde. Jetzt kann ich gucken, was ich will. Doch er hält die Macht (manche nennen es Fernbedienung) noch fest in der Hand. Ganz vorsichtig, ich bin ein Profi im Mikadospielen, schalte ich um und komme gerade richtig zu der Stelle, bei der ich letztes Mal eingeschlafen bin.

Den Film habe ich bisher in drei Etappen verschlafen. Heute will ich durchhalten bis zum Schluss. Ich setze mich aufrecht, nehme mir etwas Knabberzeug und halte die Augen weit offen. Mein Schatz schnarcht derweil so laut, dass ich den Fernseher lauter stellen muss.

Jetzt kommt Werbung und meine Lider werden schwer. Ob ich nicht doch für einen kleinen Moment die Äuglein schließe?

Nachrichten! Seit wann bringen die während der Werbung Nachrichten?

Oh nein! Den Schluss verpasst!

Und ihn kann ich auch nicht fragen, wie der Film ausgegangen ist ...

DER KLATSCH HINTERM „SPIEGEL"

Ich lese gerne! Ich lese sogar ausgesprochen gerne.

Schon als Kind habe ich meine Mutter damit auf die Palme gebracht, dass ich in einem Buch regelrecht versinken konnte. Ansprache unmöglich. Ich war dann mal weg. Im Buch verschwunden.

Bis zur Perfektion habe ich auch die Untugend beherrscht, so zu tun, als würde ich gewissenhaft Vokabeln lernen. Unter dem Vokabelheft wartete die Schwarte. Dummerweise kam meine Mutter eines Tages hinter diesen miesen Trick und entlarvte mein Laster, heimlich „Schund" zu lesen, wie sie es nannte. Nun, was soll ich sagen: Sie hat dieses Manöver zu vereiteln gewusst.

Wie ich da jetzt drauf komme? Ich sitze in einer Arztpraxis. Vor mir liegt ein Stapel Zeitschriften. Solche, die man als halbwegs gebildeter Mensch empfohlenermaßen lesen sollte, und solche, die meine Mutter schlichtweg als Schund bezeichnet hätte. Und mittendrin, die gerade noch so akzeptablen Frauenzeitschriften mit dem guten Namen.

Doch was lese ich, wenn aller Augen auf mich gerichtet sind? Denn ich fühle mich beobachtet. Die andern scheinen geradezu darauf zu lauern, dass ich nach der trivialen Regenbogenpresse greife. Zugegeben, mir ist danach. Wenn nicht hier, wo denn dann? Der Arztbesuch gibt mir die einzige Möglichkeit, auch mal die Klatschpresse zu lesen. Kaufen würde ich doch so eine Zeitung nie im Leben. Ich weiß, Ihnen geht es genauso. Wie sonst wäre zu erklären, dass Spiegel, Focus, Stern und Autozeitschriften liegenbleiben, während Gala, Frau im Spiegel, Bild der Frau und so weiter alle schon im Umlauf sind. Die meisten Leute lesen liebend gerne Klatsch und Tratsch über Königshäuser. Sie wollen dabei sein, wenn Caroline von Monaco Urlaub in den Bergen macht. Die Leute lieben es, wenn Dieter Bohlen auf den Titelblättern erscheint, und alle wollen wissen, wie rüpelhaft er sich wieder benommen hat.

Und eben deshalb fällt mir auch mein alter Trick wieder ein. So zu tun als ob ... Ich greife also nach dem „Spiegel" und klappe den Lesezirkeleinband nach hinten. Alle sollen sehen, dass ich ein intelligenter Mensch bin. Dann lege ich das Blatt auf den Stapel und ergreife geschwind das bunte Blatt darunter. Jetzt noch ein kleines Manöver, und schon halte ich, für alle anderen bestens zu sehen, mir den Spiegel vor die Nase. Ich versinke in Klatsch und Tratsch, und pflege mein geheimes Laster.

Wie gesagt: Lesen bildet.

Man muss Männer loben, sonst funktionieren sie nicht. Diese Erkenntnis stammt nicht etwa von mir, es war eine betagte Schauspielerin, die das einmal so oder so ähnlich formuliert hat. Sie muss es ja wissen, sie war schließlich mindestens sieben Mal verheiratet.

Und obwohl ich in meinem Leben nur einmal geheiratet habe, ich gebe ihr Recht. Schließlich lebe ich in einem Männerhaushalt. Männer, und ganz besonders meine, sind einfach nicht kritikfähig, das habe ich im Laufe jahrelanger Übung herausgefunden. Und wenn Kritik, dann nur positiv. „Toll, du hast die Schuhe selbst geputzt!" Klingt doch echt überzeugend, oder? Der Nachsatz ist dann eher zu ertragen: „Das nächste Mal frag mich doch nach einem Schuhputzlappen, anstatt die Damasttischdecke in kleine Läppchen zu schneiden." Wie, das glauben Sie nicht? Ich wollte es auch nicht glauben. Aber solche Dinge geschehen in deutschen Haushalten.

Ich lobe, wenn die Teller vom Esstisch in die Küche getragen werden. Das ist doch schon die halbe Miete. Ich lobe, wenn sie mir Nachrichten hinterlassen, wen ich zurückrufen soll. Ich lobe, wenn leere Flaschen in den Glasmüll transportiert werden. Ich lobe auch, wenn der Hund regelmäßig gefüttert wird. Würde ich nicht loben, würde der ganze Haushalt nicht funktionieren.

Mein Herzallerliebster macht viel. Er ist ein begnadeter Heimwerker und er hat keine Angst vor großen Geräten. Er werkelt hier, er bastelt da. Er baut sogar Waschmaschinen auseinander, um nach verlorengegangenen Socken zu forschen. Unlängst hat er sogar die Heizung gereinigt. Das muss man sich vorstellen. Das müsse sein, hat er mich aufgeklärt. Ich habe genickt und die Tatsache als solche zur Kenntnis genommen. „Mama, der Papa möchte gelobt werden!", sagt mein

Jüngster aus der Fernsehecke. „Männer muss man loben." Offensichtlich weiß er auch schon im Teenageralter, wie er sich später einmal entwickeln wird. Also lobe ich: „Ach, mein Schatz, wie gut, dass wir dich haben. Wer sonst hätte wohl je daran gedacht, die Heizungsanlage zu reinigen!", rufe ich überschwänglich. „Nicht so dick auftragen, Mama. Übertreibung schadet eher", werde ich wieder belehrt. Also, neuer Versuch. „Prima, dann kann ich ja den Wartungsdienst abbestellen, der macht das nämlich alle Jahre." Klingt auch nicht gut. Aber jetzt ist es raus. So ganz nebenbei.

Ich reinige täglich. Nicht die Heizungsanlage, nein, aber ein ganzes Haus. Die Küche, das Bad, den Fußboden, das Treppenhaus, die Schlafzimmer. Ich putze sogar Fenster und bügele die Wäsche. Ich koche, täglich, mit viel Liebe, decke den Tisch, spüle, kaufe ein und räume.

Wenn alle schmatzen, muss mir das Lob genug sein.

Silvester allein zu Haus

Das war der absolute Knaller.

Nie wieder! Nie, nie wieder werde ich Rücksicht auf andere nehmen! Und schon gar nicht auf die Kinder.

Na ja, ein bisschen bin ich ja auch selber schuld, ich habe einfach nicht geglaubt, dass man schon im September die Silvester-Party zusagen muss. Meine Freundin hat mich gefragt. Ich hätte einfach „ja" sagen können und wir hätten wie immer im Kreise der Freunde gefeiert. Als die Kinder noch kleiner waren, war das sowieso die beste aller Alternativen. Die Kinder hatten ihren Spaß, waren ja alle zusammen. Die Erwachsenen hatten ihren Spaß, waren beisammen und hatten die Sprösslinge unter ihrer Aufsicht. Doch irgendwann zieht die Kinder-Erwachsenen-Party nicht mehr. Die Kinder sind keine Kinder mehr, plötzlich Teenager mit ganz eigenen Plänen.

Und dann das! Was macht das „Kind" an Silvester? Noch keinen Schimmer. Ich sehe schon mein Kind allein zu Hause ohne Freunde, ohne Party. Mein Mitleid kennt keine Grenzen. Ich mache Vorschläge. Alles nix. „Was macht ihr eigentlich an Silvester?" Vorsicht! Eine Falle! Es klang zu beiläufig, als dass es nicht alarmierend gewesen wäre. „Wir bleiben zu Hause", antworte ich deshalb. „Wir haben nichts vor." Stimmt ja irgendwie auch.

In Wirklichkeit habe ich Panik bei dem Gedanken, dass die Jugend hier feiern will. Die letzte Fete steckt mir noch in den Knochen. Das renovierte Badezimmer bedurfte einer Generalüberholung. Im Gartenteich der Nachbarn schwammen die Fische mit dem Bauch nach oben: zu viel Alkohol im Wasser. Seitdem sind wir übrigens auch bei den Nachbarn nicht mehr zu Silvester eingeladen. So spielt das Leben eben.

Ach, wir haben ja noch eine Option. Unsere Clique. Klar, die feiern wie immer im Keller. „Oh, tut mir Leid, aber nachdem keiner so recht zugesagt hat, haben wir uns jetzt anders entschieden. Wir fahren über Silvester in die Berge." Das war das Aus. Und jetzt sitze ich hier, ohne Plan. Zwischen Weihnachten und dem 30. Dezember habe ich die Telefonrechnung nach oben getrieben. Doch alle waren bereits verplant, hatten etwas vor. Und meine Panikidee, nach München zu unseren Freunden zu fahren, stieß bei meinem Gatten nicht auf Gegenliebe. Ach, was soll's, habe ich mir gedacht, dann feiern wir eben im engen Familienkreis, mit einem schönen Essen. Fehlanzeige. Als der Junior von diesen Plänen erfuhr, hatte er plötzlich doch was vor.

Nun, wir haben das Beste daraus gemacht. Mit dem Glockenschlag Punkt 12 sind wir freudentaumelnd auf die Straße gerannt, in der Hoffnung, unsere lieben Nachbarn in die Arme schließen zu können.

Was soll ich sagen: Wir waren die Einzigen in unserer Straße.

Wir waren an Silvester allein zu Haus.

WARTEN AUF DAS EILEZIMMER

Kinder warten auf den Nikolaus, warten aufs Christkind. Warten auf korrigierte Arbeiten, warten aufs Essen. Immerzu heißt es warten.

Warten hat mit Geduld zu tun. Und Geduld, wer hat die schon? Die Wartezeit auf Weihnachten wird ja noch versüßt mit allerlei Nascherein im Adventskalender zum Beispiel oder mit kleinen Spielzeugen.

Wer aber vertreibt mir die Zeit, wenn ich warte? Ich warte nämlich auch. Ich warte ständig. Mal warte ich auf Post. Mal warte ich mit dem Essen auf die Kinder. Mal warte ich in einer Schlange, mal stehe ich im Stau.

Am allerschlimmsten trifft mich aber die Wartezeit im Wartezimmer. Die Zeit, die ich in Wartezimmern verbringe, bringt mich noch an den Rand des Wahnsinns.

Manchmal allerdings nutze ich die vermeintlich verlorene Zeit sinnvoll. Ich beobachte die anderen Wartenden. Das sind echte Studienobjekte. Der Eine blättert mit heftigen Bewegungen die Illustrierte durch. Lesen – Fehlanzeige. Er blättert nur.

Der Nächste kaut Fingernägel. Igitt.

Die Frau neben ihm guckt einfach nur Löcher in die Luft. Du meine Güte, ist die weggetreten? Sie scheint überhaupt nicht wahrzunehmen, dass sie wartet. Sie sitzt da, in stoischer Ruhe, so, als wäre ihr das Warten gleichgültig. Und während ich noch darüber nachdenke, ob sie Beruhigungsmittel geschluckt hat, fällt mir ein, dass das Wartezimmer nicht ohne

Grund Wartezimmer heißt. Ginge es schneller, würde es vielleicht „Durchgangszimmer" oder „Eilezimmer" heißen.

Jetzt fällt mir ‚Eile mit Weile' ein. Und mitten in diesen Gedanken fällt mein Blick auf die detailgetreue Abbildung der Gelenke, Muskeln und Sehnen. Aha, denke ich. Damit soll ich mir also die Zeit vertreiben. Ich soll Nervenbahnen, Blutgefäße und Muskelstränge auswendig lernen, bevor ich mich ins Gespräch mit dem Arzt begebe … Komisch, heute sind die Leute alle so still. Manchmal reden sie ja alle durcheinander, machen sich bekannt und tauschen Krankheitssymptome aus. Heute gucken alle nur still vor sich hin oder in sich rein.

Der Mann mit der Zeitschrift greift zum nächsten Blatt. Wieder blättert er nur wild herum. Meine Chance, ein Gespräch zu beginnen: „Nichts Interessantes drin?"

„Ha, Sie kommen wohl zum ersten Mal hierher. Die sind schon hundert Jahre alt. Wer mehr als drei Mal in diesem Wartesaal gesessen hat, kennt sie alle auswendig."

Sprach's und legte die Zeitschrift mit Nachdruck zurück auf den Stapel. Medizin heute, lese ich da, und Apotheker Rundschau. Ach ja, und ein paar alte Automobilhefte und ganz, ganz alte Illustrierte liegen auch dort. Da haben sich ja die Gerüchte des bunten Blätterwaldes schon längst selbst überholt. Ich fange an, die Zeitschriften nach Datum zu sortieren. Nur so zum Spaß. Und es fällt mir ein Journal mit Adventskalender in die Hand. Vom Dezember 2000 versteht sich.

Warten hat schon seinen besonderen Reiz. Man muss nur das Beste daraus machen.

KOMM, WIR ZIEHEN VOR GERICHT

Über was man sich so alles aufregen kann! Über zu grell leuchtende 40-Watt-Lampen, über Hundegebell oder Glockengeläut. Über krähende Hähne und quietschende Türen. Ja, sogar über Kindergeschrei und spielende Kinder kann man sich aufregen. Über fehlende Gardinen und wer weiß nicht was …

Ich weiß zum Beispiel von einem Fall, da hat sich die Nachbarin darüber aufgeregt, dass in der Wohnung gegenüber keine Gardinen angebracht waren. Sie werde ständig genötigt, der fremden Person in die Wohnung zu starren. Wie entsetzlich, das stelle man sich mal vor, sie muss ihr geradezu auf den Teller gucken. Wo sowas noch hinführen soll? Und dass der Gockelhahn von Meiers so einen Krach macht, das ist ja wirklich zu viel verlangt. Wenn sie leben wollen wie auf dem Bauernhof, dann sollen sie doch wegziehen. Jawohl. Na ja, über so was streiten? Da lachen ja die Hühner. Aber was macht man mit Menschen, die ihr Häuschen in Spielplatznähe bauen, sich dann aber über Kinderlärm beschweren? Hätten sie nicht wissen müssen, dass Kinder nicht lautlos die Rutschbahn runterrutschen? Sie quietschen sogar manchmal vor Vergnügen. Sie werfen mit Sand, sie rufen, benutzen lärmendes Gerät (Fahrradklingeln) und wollen die armen, geplagten Nachbarn nur ärgern. Vorsatz ist das, reiner Vorsatz.

Wenn es doch nur bei der Aufregung bliebe, dann hätte der, der sich aufregt, ganz alleine den Schaden. Aber heutzutage begnügt man sich nicht mehr damit, sich nur aufzuregen. Heutzutage muss man das doch anzeigen. Gegen so was muss man schließlich vorgehen. Wo kämen wir denn hin, wenn wir uns alles gefallen ließen.

Ach, ich hätte Anwältin werden sollen! Wenn ich mir so betrachte, was heutzutage alles vor den Kadi kommt, dann hätte ich auf lange Sicht ausgesorgt. Das Schlimme ist, man kann noch so friedfertig sein, wenn der Andere das nicht will, wird man schnell zum Streithammel und sieht sich vor Gericht wieder: „Es kann der Frömmste nicht in Frieden leben, wenn es dem bösen Nachbarn nicht gefällt." Und schon liegen die Leutchen im Clinch. Weil die Hecke übersteht, oder weil vermeintlich etwas überbaut wurde. Weil die 40-Watt-Lampe direkt ins Schlafzimmer leuchtet. Ja, sogar getrennte Eheleute treffen sich nach dem Scheidungstermin wieder vor Gericht, es geht um den Familienhund, wem wird er wohl zugesprochen? Kurios auch die Klage einer alten Frau. Sie klagte um die Herausgabe eines Gebisses. Sie und ihr Exmann hatten es gemeinsam benutzt. Nein, will ich schreien, das darf doch alles nicht wahr sein!

Und seitdem die Nächte wieder so warm sind, wird es für die Polizei besonders happig. Keine Nacht ohne ruhestörenden Lärm. Mir tun die armen Kerle Leid, die wegen solcher Bagatellen raus müssen. Ein Gespräch über den Gartenzaun soll schon Wunder gewirkt haben.

Kurt und das Parfüm

Kurt steht schwitzend vor der Verkäuferin in der Parfümerie. „Nein, ich kenne den Lieblingsduft meiner Frau nicht." Er versucht es immerhin mit Worten und Gesten. „Es ist eine Glasflasche, so glatt ... und es steht was drauf."

Mehr hat Kurt dazu nicht zu sagen. Doch, eines noch: „Das Parfüm riecht sehr gut."

„Da kommen wir der Sache doch schon näher", meint die Verkäuferin. „Es ist also ein Parfüm, kein Eau de Toilette, kein Eau de Parfum?"

Diese Bemerkung macht die Sache für Kurt nur noch schlimmer. Für ihn gibt es die Unterscheidung der Duftwässer nicht. Riecht gut oder riecht nicht gut, ist das einzige Kriterium, das zählt. In seiner Not beschließt er, doch wieder nur einen Gutschein zu kaufen. „Da kann ich doch nichts falsch machen, oder?"

Er scheint unsicher zu sein. Und deshalb beschließe ich,

Kurt aus seiner Notlage zu befreien. Ich kenne Kurt und seine Frau Katrin nämlich schon sehr lange. So lange, dass ich auch ihr Lieblingsparfüm kenne. „Sie liebt Fidji", raune ich ihm deshalb zu.

Kurt war sehr erleichtert. Kurt ist mir seitdem zu Dank verpflichtet. Er weiß nämlich sehr genau, dass ich ihm quasi das Leben gerettet habe. Denn erst letztes Jahr hat er sich beim Einkauf des Geburtstagsgeschenks für Katrin nicht sehr einfallsreich gezeigt. Die versteckten, zum Teil sehr diskreten Hinweise von Katrin hat er nicht deuten können. Dabei hat sie ihm einmal sogar ziemlich deutliche Hinweise gegeben. Etwa so: „Schatz! Das würde mir gefallen!" Jede Frau im Umkreis von 100 Metern wusste, welches der glitzernden Teilchen im Schaufenster des Juweliers Katrins Gunst bekommen hätte. Nur Kurt hat leider nicht verstanden. „Dann lass uns doch gleich reingehen und kaufen."

Er denkt eben sehr praktisch, unser Kurt. Die Überraschung für Katrin war allerdings dahin.

Kurt war auch enttäuscht, er hätte sich mehr Begeisterung von seiner Katrin gewünscht. Und überhaupt Überraschung, hat er gesagt, „das wäre so oder so keine echte Überraschung gewesen".

Sage ich doch. Kein Verständnis. Außerdem ist Katrin längst über den Punkt hinaus, Überraschung oder gar Freude vorzutäuschen. Sie kann nicht mehr. Nach über zwanzig Ehejahren ist ihr Vorrat an vorgetäuschten Freudentänzen einfach verbraucht. Die Kaffeemaschine, der Toaster und das Kniepolster für die Gartenarbeit haben sie zu sehr strapaziert. „Und wenn ich ihn mit der Nase darauf stoße, er versteht mich einfach nicht."

Nun, liebe Katrin, dieses Jahr wirst du dich sicher freuen.

Kurt ist lernfähig: Nächstes Jahr fragt er mich nach deinen Wünschen.

Das Telefon hat so seine Tücken. Es hat eine ganz eigene Art zu funktionieren und lebt einen eigenen Rhythmus.

Ja, mein Telefon lebt. Wie sonst könnte es sich von einem Ort zum anderen bewegen, wie sonst könnte es sich mir verweigern, wie sonst könnte es mich zum Sprechen auffordern?

Denn all diese Dinge tut mein Telefon. Ich habe gewählt. Besetzt. Und plötzlich kommt eine Stimme aus dem Hörer: „Der gewünschte Gesprächspartner spricht, es wird angeklopft, bitte warten Sie."

Ich warte. Die Dame mit der monoton freundlichen Stimme leiert ihren Satz zwei, drei Mal herunter, bis ich genervt auflege.

Beim nächsten Versuch erhalte ich eine andere Ansage: „Der gewählte Teilnehmer meldet sich nicht oder es ist besetzt. Wollen Sie mit dem Anrufer verbunden werden, dann sagen Sie „Ja."

Mein Herz klopft. Wage ich es und spreche mein „Ja" oder lasse ich die Chance einfach so vorüberziehen? „Ja", hauche ich ins Telefon und warte.

Doch, was mache ich jetzt? Muss ich auflegen oder verharren? Ich lege auf. Es tut sich nichts. Danach starre ich mein Telefon an und warte weiter. Vergeblich.

In der Zwischenzeit könnte ich die Kundenbetreuung meines Handyvertragspartners anrufen. Ich habe nämlich eine Frage zur Rechnung. „Sagen Sie Kundenbetreuung oder drücken Sie die Eins", sagt die monotone Stimme. Ich sage „Kundenbetreuung" und warte.

Das darf doch nicht wahr sein! Gibt es keine Menschen mehr am anderen Ende der Leitung? Ich lege auf. Vergewissere mich, dass ich die richtige Nummer gewählt habe und versuche es erneut. „Sagen Sie Rechnung oder drücken Sie die Zwei."

Was bleibt mir übrig. Nach und nach versuche ich alle mir vorgeschlagenen Optionen. Drücken, sprechen. Ich klinge ein wenig seltsam, meine Jungs würden sagen „bekloppt", weil ich ja ganz deutlich sprechen muss.

„R e c h n u n g", buchstabiere ich und warte gespannt.

Das Eigenleben des Telefons macht sich auch hier bemerkbar: „Bitte legen Sie nicht auf", und prompt bedudelt mich Musik.

„Bitte legen Sie nicht auf, wir sind gleich für Sie da."

Wann ist gleich, frage ich mich. Ist das so, als ob ich sage, ich komme in fünf Minuten und es wird eine halbe Stunde daraus oder bedeutet gleich wirklich gleich? Meine Geduld ist jedenfalls am Ende. Am liebsten würde ich das mobile Telefon an die Wand werfen. Aber noch immer spielt mir die Musik was vor und die Dame spricht: „Bitte legen Sie nicht auf, wir sind gleich für Sie da."

„Hallo!", rufe ich, „ich höre Ihre Stimme, verstehen Sie mich?"

ESSEN NACH ZAHLEN

„Einmal die Gnotschi bitte."

Gerade eben hat der Herr am Nachbartisch laut und deutlich bestellt. Seine Frau schaut betreten und korrigiert ihn. Sie tut es leise, aber doch deutlich hörbar: „Schatz, das heißt ‚Njokki'. Wenn du die italienische Aussprache nicht beherrschst, warum sagst du nicht einfach: Die 55 bitte?"

Autsch, das hat wehgetan. Die herbe Kritik liegt dem armen Mann schwer im Magen. Ich sehe, wie er an dieser Rüge kaut, und das, bevor er überhaupt den ersten Bissen auf dem Teller hat. Ihre Bestellung klingt ganz anders: „Als Vorspeise die 23, dann die 55 bitte und zum Dessert hätte ich gerne die

111." Sprachs, klappte die Speisekarte zu und lächelte ihr Gegenüber triumphierend an.

Ich bin völlig ernüchtert. Da hat mich diese Frau doch völlig um den Spaß gebracht. Ich lausche nämlich gerne und höre zu, welches Essen die Leute am Nachbartisch wählen. Schon so manches Mal wurde ich durch deren Auswahl inspiriert. Für mich gibt es nichts Schöneres, als im Lokal zuzuhören, was die anderen Leute so essen. Ich selbst bin ja schon so eingefahren, und schlage immer wieder dieselbe Seite auf. Beim Chinesen zum Beispiel esse ich Ente in Erdnusssoße. Sehr lecker, trägt die Nummer xy. Nein, keine Sorge, die Nummer habe ich mir nicht gemerkt. Schließlich will ich keine Buchstaben- oder Zahlensuppe essen. Bei mir geht es um den Genuss, nicht um die korrekte Aussprache.

Was wäre ich ohne die hungrigen Menschen am Nachbartisch? Nie hätte ich Nasi Goreng, Bami Goreng, gebratene Nudeln, Curry Garnelen oder frittierten Fisch probiert, wenn ich dies alles nicht gehört und dann gesehen hätte. Allein wenn ich daran denke, läuft mir das Wasser im Munde zusammen. Wie dürftig klingt dagegen die Bestellung: die 23, 55 und 111. Klingt mehr nach Lottozahlen. Macht so was etwa Appetit? Der ganze Spaß ist mir doch verdorben. Ich bin fest davon überzeugt, dem Mann hätten seine „Gnotschi" geschmeckt. Und, er hätte sicher trotzdem die „Njokki" bekommen, auch ohne die korrekte Aussprache. Schließlich serviert mein Lieblings-Eis-Italiener mir auch immer die richtige Sorte, wenn ich „Strazziatella" bestelle. Die Leute wissen schon, was ich meine. Und außerdem, ich sage ja auch Paris, und nicht, wie die Franzosen, „Pari" und alle Leute sagen zu mir Bernadette (mit e am Ende) und ich weiß auch, dass ich damit gemeint bin.

Entschuldigung, ich schweife ab. Ich genehmige mir jetzt einen Cappuccino, esse heute Mittag Spaghetti mit Zucchini, und es ist mir egal, wie man das alles spricht.

Hauptsache, es schmeckt.

Papa ist hin und weg. So ein tolles Modell hätte er nicht im Traum erwartet. Und das für unter 1000 Euro. „Wow, was für ein cooles Design! Sportleichtlauffelgen, Alu natürlich. Hochleistungs-Trommelbremse, Maximum fünf Meter Bremsweg und das alles im schicken Mäusedesign."

Mäusedesign? Ich höre wohl nicht richtig. Ich dachte, der steht vor so einer Kinder-Rennmaschine, so einem Motorrad für kleine Jungs. Dabei steht dieser, ich begreife, werdende Vater vor einem Kinderwagen. Nicht vor irgendeinem, er steht vor einem Sportmodell, wie ich schnell lerne, einem Jogger Roadster oder vor einem Alpin Explorer. „Das ist sozusagen der BMW unter den Kinderwagen", beeilt sich der Verkäufer zu versichern.

Er sieht nämlich, was ich auch sehe. Die werdende Mutter hat die Stirn gerunzelt. „Meinst du, es muss so ein teures Modell sein? Schau doch, den hier gibt es schon für 600 Euro, der sieht doch auch sehr stabil aus." Jetzt ist es an ihm, die Stirn zu runzeln. „Für meinen Kleinen ist mir das Beste gerade gut genug", gibt er zurück. Inzwischen hat der Verkäufer noch die passende Wickeltasche – Sie wissen schon, Mäusedesign – hergebracht. „Eine Regenabdeckung gibt es natürlich auch, gegen Aufpreis, selbstverständlich. Und, wenn ich mich einmischen darf, der Jogger für 600 Euro verfügt natürlich nicht über die Hochleistungs-Trommelbremse, die wäre in dem Fall, wie bei allen Extras, nur gegen Aufpreis machbar." Ich kann es nicht fassen. Zu meiner Zeit gab es auch schon recht teure Kinderwagen. Aber solche Extremsportwagen, wie sie jetzt auf dem Markt sind, nein, die gab es damals noch nicht. Hauptsache bequem für das Baby war vor zwanzig Jahren noch die Devise. Wenn ich mir vorstelle, die Oma müsste jetzt hinter so einem Sport-Jogger herskaten, ob sie wohl noch Spaß am Kindausfahren hätte? Wozu gibt es diese Jogger-Roadster überhaupt? Fahren plötzlich alle frisch gebackenen Eltern nur noch per Inlineskates ihre Babys aus, oder was hat diese extrem sportlich orientierte Ausrichtung zu bedeuten?

Ach, ich glaube, ich verstehe: Das ist ein Lockmittel, um auch die Papas an den Kinderwagen zu kriegen. Animation Sport sozusagen. Hauptsache cooles Design, Hauptsache Hochleistung im MS Look (MS = Männer-Stärke). Früher jedenfalls haben die Papas dieses Gefährt manchmal wie einen Fremdkörper behandelt. Eine Hand lässig in der Hosentasche, die andere an der Schiebestange, den Blick in die Ferne gerichtet. Papa wurde erst aktiv, wenn das Kind im sportlichen Fahrradanhänger sitzen konnte.

Also: Wem das zu spät ist, der kauft dem Papi den Jogger Roadster mit Hochleistungstrommelbremse und allen anderen Extras!

DER RASENMÄHER-MANN

Es gibt Menschen, die kennen überhaupt kein Schuldgefühl. Lärm empfinden sie nur, solange er von anderen Menschen kommt, und Uhrzeiten, pardon, ich meine Ruhezeiten, sind diesen Menschen fremd.

Ich kenne solche Menschen. Mit einem bin ich sogar verwandt. Es ist Onkel Reinhard. In Familienkreisen besser bekannt als „der Rasenmäher-Mann". Onkel Reinhard besitzt nämlich seit neuestem einen Sitzrasenmäher. Er hat nicht etwa ein Fußballfeld zu mähen, nein, er hat, na sagen wir grob geschätzt, etwa 100 Quadratmeter Rasenfläche. Das ist nicht die Welt. Aber Onkel Reinhard war es leid, den Rasenmäher vor sich herzuschieben.

Außerdem liebt er es, sich in sengender Mittagshitze auf

den Rasenmäher zu setzen. Wenn andere Menschen ihr Mittagsschläfchen halten wollen, verkleidet sich Onkel Reinhard und mäht den Rasen. Zum Rasenmähen trägt er seinen Panama-Hut, Shorts und seinen grauen Gärtnerkittel darüber. Wenn er diese Utensilien beisammen hat, zündet er sich genüsslich eine Zigarre an. Das ist seine Art von Entspannung. Er braucht keinen Mittagsschlaf. Außerdem erlaubt ihm Tante Elke nicht, in der Wohnung Zigarren zu rauchen. Was bleibt dem armen Onkel also übrig, als nach draußen zu gehen? Das wiederum führt dazu, dass er sich eine Beschäftigung suchen muss, denn nutzloses Herumsitzen nur zum Zwecke des Rauchens mag er nicht. Zigarre rauchen und den alten Rasenmäher schieben geht rein technisch nicht und so kam es dazu, dass Reinhard im Sitzen rauchend den Rasen mäht. Ihm ist es dabei völlig wurscht, ob etwa ein Nachbar gerade im Garten seine Siesta hält. „Was muss der jetzt schlafen, der hat den ganzen Tag und die ganze Nacht Zeit dazu", ist der einzige Kommentar, der über Reinhards Lippen kommt.

Seit er den WM-Rasen im Fernseher gesehen hat, ist sowieso alles aus. Jetzt versucht er sich in Mustern. Das heißt, er fährt dieses kleine Rasen-Karo akribisch ab. Auf und ab. Er kann (fast) auf dem Punkt wenden. Horizontal und vertikal. Millimetergenau. Er findet es bedauerlich, dass er nicht täglich mähen kann, der Rasen wächst nicht schnell genug nach. Erst letzte Woche hat er eine Beschwerde vom Nachbarn bekommen wegen Lärmbelästigung in der Mittagszeit. Onkel Reinhard stört das nicht. Er ist und bleibt unbelehrbar. „Ich habe einen Flüster-Sitz-Rasenmäher, den kann der Kerl doch gar nicht hören. Der lauert doch nur auf jedes Geräusch, um mich dann zu ärgern. Der will gar nicht schlafen." Onkel Reinhard fährt weiter. Der Rasenmäher-Mann lässt sich doch von so einer Anzeige wegen Lärmbelästigung nicht unterkriegen.

Nur gut, dass ich nicht in seiner Nähe wohne.

Ich schaute auf meine Schuhe, mein Blick glitt verstohlen zum schokoladenverschmierten Mund meines Sohnes. Den zerkrümelten Doppelkeks hielt er fest in der Hand ... Diese Momentaufnahme liegt schon weit über zehn Jahre zurück, und doch hat sich die Szene dauerhaft in mein Hirn gebrannt. Eine solche Wohnung hatte ich zuvor noch nie gesehen. Hellgrauer Hochflorteppich, eine weiße Ledergarnitur, ein hochtechnisches Gestell mit Glasplatte, das sich bei näherem Hinsehen als Tisch entpuppt, lässt mich auf der Stelle erstarren. Steril ist das erste Wort, das mir in den Sinn kommt. Jede Aufnahme in der Zeitschrift „Schöner Wohnen" ist Dreck dagegen. Die Wohnung, die ich original vor mir sehe, ist besser als jedes Hochglanzformat. Dann der Gedanke: Wohnen hier Menschen? Gibt es irgendwelche Hinweise auf Lebewesen in diesem Haus? – Ja, jetzt schon. Denn gerade eben ist der erste Kekskrümel auf dem Teppich aufgefallen. Mir kommt es wie eine Explosion vor. Die Hausfrau zuckt auch. Ich gehe sofort in die Hocke, um den Krümel aufzuheben. Dort, wo ich eben noch stand, haben meine Schuhe tiefe Schluchten eingegraben. Ich habe keine Ahnung, wie ich bis zum Sofa kommen soll, ohne Spuren zu hinterlassen, denn soeben wurde ich aufgefordert, mich zu setzen. Es gibt ein Erinnerungsfoto: Ich auf der vorderen Sofakante, mein Kind halte ich krampfhaft auf dem Schoß. Dieses Foto betrachte ich gerade und schon höre ich die Dame des Hauses sagen. „Nein, wir wollen keine Kinder, wir leben gerne so."

Ich vergleiche insgeheim unser beider Wohnräume. Bei uns daheim sieht es auch jetzt ganz anders aus. Schuhe versperren den Flur, Schultaschen blockieren die Eingangstür, in der Küche stapelt sich Geschirr. Apropos Küche. Auch die war in diesem Haus hochglänzend, ohne Fingerabdrücke, versteht sich. Irgendeine Schwachstelle muss es in diesem sterilen Haus doch geben! Ich beschließe, das WC aufzusuchen. Doch auch in Bad und WC – alles o.k. Hochglanz, Werbung pur. Unterm TV-Gerät, da wischt doch kein Mensch Staub, auch Fehlanzeige. Das Gefühl der Ehrfurcht weicht dem Erschrecken. So könnte ich nicht leben. Vielleicht sind die vielen Bücher im Schrank ja nur Attrappen, mutmaße ich. Ganz klar: Irgendwo müssen die eine Zweitwohnung haben. Ich habe schon davon gehört, dass der Trend zum Kellerbad und zur Garagendusche geht, nur damit im Haus kein Fitzelchen zu finden ist. Meine Art zu leben hinterlässt Spuren, Lebensspuren. Theoretisch könnte ich schon aufräumen. Ich weiß zumindest, wie es geht. Will ich das? Lieber lebe ich!

Von Beileidsbekundungen per E-Mail bitten wir abzusehen

Der Computer und das Handy haben längst den Brief verdrängt. Die Kommunikation findet virtuell statt: Es wird gesimst und gemailt.

Etwas Gutes hat die Sache. Per SMS und E-Mail sind selbst schreibfaule Kinder und Jugendliche dazu zu bewegen, der Tante mal einen kurzen Gruß zu schicken. Einen Brief, also einen Dankeschönbrief, so wie wir das noch kennen, hätten sie freiwillig niemals geschrieben. Ich sehe mich noch heute über dem Briefblock brüten: „Liebe Tante Charlotte, vielen Dank für das schöne Geburtstagsgeschenk ..." Wie viel Schweiß und Mühe in diesen wenigen Zeilen steckte, ahnt nur der, der sie je schreiben musste. Wie oft ich unter Tränen den Brief zerknüllt und ein neues Blatt angefangen habe – ich weiß es nicht mehr. Meine Jungs haben es da einfacher. Sie setzen sich an den Computer und schreiben. Handschrift?

Nebensache. Rechtschreibung? Auch. Schließlich kann der Computer das ausbessern. Auch die SMS ist da recht gnädig. T9 eingeschaltet und das Handy schreibt entweder alles klein oder groß. Egal. Absonderliche Abkürzungen machen da die Runde und niemand stört sich daran. Post vom Jüngsten: „CU" hat er geschrieben. Was will das Kind mir damit sagen? Seine Nachrichten, für mich böhmische Dörfer (übrigens ein Ausdruck, den er nicht kennt). „See you", heißt das, klärt er mich auf und schickt mir ein elektronisches Lächeln. Ich lächle zurück: Doppelpunkt und Klammer zu, heraus kommt: ☺, ein Smiley. Icons, sagen die jungen Leute dazu. Das habe ich im Benimmbuch für elektronische Post gelernt.

Jetzt kam dieses Benimmwerk erneut zum Einsatz. Onkel Willi hat das Zeitliche gesegnet. Zeit, einen ordentlichen Brief an Tante Charlotte zu schreiben. Nun brütet das Kind über dem leeren Blatt. „Liebe Tante Charlotte", steht da geschrieben, mehr nicht. „Ich schreibe ihr schnell eine E-Mail", will er sich vor dem Beileidsbrief drücken. Stopp! Jetzt muss die erzieherische Hand tätig werden. „Kind, so etwas tut man nicht. Das ist kein Stil. Beileidsbekundungen schickt man niemals per E-Mail", doziere ich und lege ihm „Nett im Netz", den Kommunikationstrainer von Droste und Hillemacher vor. Gegen dieses Werk der Etikette im Netz ist der Junge machtlos. Er trollt sich. „Aber zum Geburtstag darf ich wieder eine Mail schicken?", ruft er mir noch zu.

Na klar, denke ich, auch wenn's die Netz-Etikette verbietet. Aber wen stört das schon. ☺ – Doppelpunkt und Klammer zu.

WIE VIELE SCHUHE BRAUCHT DER MANN?

„Du brauchst noch ein paar neue Sandalen für den Urlaub", habe ich gestern zu meinem Schatz gesagt.

Einen schlimmeren Satz hätte ich wohl nicht sagen können. Hätte ich zu ihm gesagt „Der Chef hat den Urlaub gestrichen", er hätte nicht dümmer aus der Wäsche gucken können. Überflüssig zu erwähnen, dass mein Mann nicht gerne einkaufen geht – und Schuhe schon gar nicht. Ich persönlich kann davon nicht genug kriegen. Aber wem erzähle ich das: Frauen wissen das.

Für meinen Mann hingegen beginnt die Tortour seines Lebens. Er besitzt drei Paar Schuhe. Die guten Schwarzen, die Turnschuhe und ein paar Sandalen. Ich alleine besitze mindestens drei Paar Sandalen, sechs bis acht Paar Pumps, verschiedene Arten Sportschuhe. In dieser Rechnung sind Wanderschuhe und Sneaker nicht inbegriffen. Rein statistisch bleibe ich so noch unter dem Durchschnitt von 27 Paar Schuhen einer deutschen Frau.

Und so kommen wir als ungleiches Paar im Schuhgeschäft an. Mein Mann mit Sicherheitsabstand von etwa drei bis fünf Metern hinter mir. Es sieht nicht so aus, als würde er zu mir gehören. Wen wundert es, dass die Verkäuferin geradewegs auf mich zukommt: „Kann ich Ihnen behilflich sein?"

„Ja gerne, mein Mann braucht dringend ein paar neue Sandalen, seine sind nicht mehr o.k." Wie zum Beweis deute ich auf seine Füße.

Mein Mann sagt kein Wort und schaut betreten zu Boden. Die Verkäuferin ist in ihrem Element. Mein Mann trottet hinter uns her. Die Verkäuferin scheint völlig vergessen zu haben, dass es um seine Schuhe geht. Sie spricht ausschließlich mit mir. Preist die Vorzüge dieses Schuhs an, hält die Vorteile des anderen dagegen. Und mein Mann schweigt. Innerlich begehre ich auf. Es geht um seine Schuhe, denke ich. Wieso um alles in der Welt spricht sie nicht mit ihm? Ist er am Ende schon nach Hause gegangen? Nein, er sitzt da, blickt geduldig auf den Schuhberg, der sich vor ihm auftürmt. Die Verkäuferin ignoriert ihn einfach.

„Schatz", versuche ich ihn in das Geschehen einzubinden, „die sehen doch bequem aus."

„Du kannst sie gerne mal für mich anprobieren", flötet er zuckersüß zurück.

Ich zucke zusammen, doch die Verkäuferin hat die Spitze nicht bemerkt.

Ich schiebe meinen Mann ins Rampenlicht. „Hier geht es um seine Sandalen – ich bin die Begleitung", versuche ich einen Vorstoß.

Sie: „Ja, ja, wir verstehen uns, ohne uns Frauen würden die Männer heute noch barfuß gehen", plaudert sie ungeniert weiter.

Mein Mann greift sich ein Paar, schlüpft mit einem Fuß hinein, nickt zufrieden. „Fertig. Die nehme ich."

Das Leben kann so einfach sein – aus Männersicht.

DIE HEUSCHRECKENPLAGE

Ich könnte das Wörterbuch bemühen, um Heuschrecken zu charakterisieren. Heuschrecken: fallen meist in Schwärmen ein, Heuschrecken hinterlassen ein kahles Feld, gähnende Leere, öde Landschaften. Ich könnte aber auch sagen: sie plündern Kühlschränke, Getränkekisten und Vorratsregale. Meine Kinder sind die reinste Heuschreckenplage. Wie ich auf so was komme? Ganz einfach – ich muss nur in meinen Kühlschrank gucken. Leer, geplündert, alles weg. Es ist nicht das erste Mal, dass ich ins Leere greife, doch dieses Mal hat es für mich fatale Folgen. Ich muss noch mal los, denn die Zutaten für mein geplantes Menu samt Dessert und Kuchen sind in den Bäuchen meiner Jungs verschwunden. Weggeputzt, ohne Gnade. Nicht, dass ich meinen Jungs das Essen nicht gönnen würde, es ist immer genug da, Ehrenwort. Doch so manchmal habe ich schon darüber nachgedacht, ob ich nicht ein Vorhängeschloss an den Kühlschrank machen muss.

Meine Freundin kennt das Heuschreckenphänomen auch. „Ich bin schon einen Schritt weiter als du," hat sie mir gesagt. „Ich beschrifte alles, was ich für ein bestimmtes Essen benötige."

Ich muss wohl wie ein Fragezeichen ausgesehen haben, denn sie erklärt es noch einmal. „Gelbes Klebezettelchen, darauf steht: Wird gebraucht – nicht essen." Das setzt natürlich voraus, dass diese kleinen Zettelchen auch kleben bleiben. Ein ganzer Industriezweig lebt also davon, dass wir Frauen unser Essen beschriften, einfach unfassbar. Jetzt merkt auch der Vater auf. „Rausholen klappt immer, aber auffüllen fast nie." Er spricht von den gut gekühlten Feierabendbieren, die dem Sohnemann natürlich auch gegönnt sind, doch immer, wenn Papa ein kühles Helles greifen will, ist das Kühlfach – Sie raten es – leer. Cola, Wasser, Eistee, ich könnte die Aufzählung wohl beliebig fortsetzen, alles ausgetrunken.

Der Höhepunkt hört sich dann etwa so an: „Mama, haben wir noch irgendwo kalten Eistee?"

„Wo könnte er sein, wenn nicht im Kühlschrank?" Doch meine Ironie verpufft.

Ich selbst trinke schon lange keine gekühlten Getränke mehr – ist ja auch nicht gesund. Doch die Sache mit dem Essen geht mir nicht aus dem Kopf. Nach gelben Zetteln steht mir nicht der Sinn. Ich habe eine effektvolle Variante entwickelt: Päckchen packen. Ich verschnüre alles, was ich für ein besonderes Essen brauche, einfach mit Paketband und hänge einen Zettel dran: Wird gebraucht, nicht essen. Seitdem plündern die Heuschrecken Omas Vorräte. Sie hat ja noch nichts beschriftet.

Meine Familie ist einhellig der Meinung, dass ich zu viel lese. Nach Überzeugung meines Mannes lese ich eindeutig die falsche Literatur. Ich lese Zeitschriften und Bücher, die mich in seinen Augen auf falsche Gedanken bringen. Ich lese zum Beispiel „Selber machen". „Der Heimwerker" gehört seit einiger Zeit auch zu meiner Lektüre und auch vor der Zeitschrift „Glücklich in Haus und Garten" schrecke ich nicht zurück. Im Gegenteil, ich fühle mich bereichert. Seit ich diese Hefte lese, beherrsche ich, rein theoretisch natürlich, die komplette Klaviatur der harmonischen Innenraumgestaltung, Farbgebung und architektonische Elemente inbegriffen.

Sie können meinen Mann verstehen? Dann gehören auch Sie in die Ecke der Ignoranten und Banausen. Wie viel unbeschwerter könnte auch Ihr Leben sein, würden Sie schon bei der Auswahl des Grundstücks auf Feng Shui achten, habe ich kürzlich in einer Architektenzeitung gelesen. In Fernost, man stelle sich das vor, gibt es Professoren und Politiker, die ihren Erfolg ganz und gar dem Feng Shui zuschreiben. Logisch, dass auch deren Bürogebäude samt Ausrichtung und kompletter Inneneinrichtung nach der fernöstlichen Lehre gestaltet sind.

Nun bin ich durch besagte Heimwerkerliteratur auch auf die Kraft des Feng Shui gestoßen. Und was lese ich? Wie viel besser könnte ich mich fühlen, würden nicht eine Fülle von Einrichtungs- und Gestaltungsfehler mein Wohlbefinden stören. Es fängt schon damit an, dass die Haustür an der falschen Stelle ist, was jetzt nicht mehr zu ändern ist. Weiter lese ich, dass im Eingangsbereich blühende Pflanzen das eintretende Chi begünstigen würden. Daran könnte ich etwas ändern. Gut, wir haben einen kleinen Teich im Garten, das wirkt sich immerhin positiv aus. Ein Berg hinter dem Haus ist grundsätzlich günstig, lese ich und ich freue mich, dass wir den Rochusberg haben. Wenn ich mich mit dem Rücken zur

Veranda stelle, ist er hinter dem Haus. Alles eine Sache der Auslegung. Nachdem ich begriffen habe, dass ich an der Ausrichtung unseres Hauses partout nichts mehr ändern kann, konzentriere ich mich seit Neustem auf die Innenräume. Ein Spiegel im Schlafzimmer ist denkbar ungünstig, steht da. (Soll der Liebe geradezu abträglich sein!) Also, weg mit dem Spiegel.

Ich bespreche die Problematik mit meinem Mann. Der kann meinem Wunsch nichts abgewinnen. Der Spiegel, von dem ich rede, ist im Grunde ein kompletter Schrank, viertürig mit Schiebetüren. Vor 20 Jahren mühsam ins Zimmer eingepasst. Unnötig zu erwähnen, dass er das mir zuliebe getan hat.

„Spiegel weg, Schrank weg", sagt er heute kurz und bündig. Doch was mein Kleiderschrank für mein persönliches Glück bedeutet, kann auch Feng Shui im Schlafzimmer nicht bewirken.

Ich habe beschlossen, dass ich meine neu erworbenen Kenntnisse in Sachen Feng Shui auf den Eingangsbereich und das Wohnzimmer beschränke.

Mr. Right und das Verfallsdatum von Frauen über 30

Renate hat das Verfallsdatum längst überschritten, jedenfalls wenn es nach den Lebensrichtlinien ihrer Tante Ingeborg geht. Deshalb spart Tante Ingeborg auch nicht mit guten Ratschlägen. Sie möchte ihre knapp über 30-jährige Nichte am liebsten nach alter Väter Sitte verheiratet wissen. Das gehört sich einfach so. Renate traut sich schon gar nicht mehr, einen Verehrer mitzubringen. Sofort schrillen bei ihrer Tante sämtliche Alarmglocken. Voller Elan und Tatendrang setzt sie dann nämlich alles daran, das junge Glück ein wenig zu fördern, wie sie es gerne ausdrückt. Schließlich muss Ingeborg auch der Tatsache Rechnung tragen, dass Renate mit über 30 auch bald mit dem Kinderkriegen anfangen muss. „Jetzt wird's aber Zeit", pflegt sie zu sagen. Die biologische Uhr tickt. Sie tickt so laut, dass nun sogar schon Renate glaubt, sie zu hören. „Ich werde wahnsinnig", hat sie erst letztens gesagt, „mittlerweile glaube ich den ganzen Kram schon selber." Torschlusspanik. Bis vor wenigen Jahren hat sie noch darüber gelacht, nun wird ihr immer mulmiger zumute. Sollte Tante Inge doch …?

Ach was. Sie bleibt ihrer Linie treu. Bis ihr eines Tages Tante Inge wortlos eine Bekanntschaftsannonce über den Tisch schiebt. Alleinstehender Witwer sucht …

Renate war baff. Mit so viel Einsatz hat sie nicht gerechnet. Wortlos hat sie die Annonce entgegengenommen. „Der wird schon seine Makel haben", meckert sie die Tante an, „und dass Witwer alleinstehend sind, das setze ich voraus", sagt sie spitz.

Doch die Tante lässt sich nicht beirren. „Du musst jetzt langsam an deine Zukunft denken", hakt sie nach. „Du bist auch nicht mehr die Jüngste."

Das hätte Tante Inge nicht sagen sollen. Das war für Renate der Anfang vom Ende. Seitdem glaubt sie tatsächlich daran, ihr Verfallsdatum überschritten zu haben. Noch schlimmer ist es geworden, seit sich auch noch Freunde, Bekannte, Nachbarn und sogar die Arbeitskollegen bemüht sehen, ihr den Mann fürs Leben zu besorgen. Keine Party, kein noch so harmloses Treffen ohne den mutmaßlichen Mr. Right. Zu dumm, dass der, der ihr gefiel, leider schon vergeben war.

Da hört nämlich der Spaß auf. So wichtig ist verheiratet sein für Renate nun auch wieder nicht, dass man ihr gestatten würde, den Mann der angeheirateten Cousine auszuspannen. Dann soll sie doch lieber ledig bleiben. Eine alte Jungfer gewissermaßen.

Renate hat sich übrigens wieder beruhigt. Sie sieht gut aus, ist ein pfiffiges Kerlchen und kommt auch ganz gut ohne den

Mann fürs Leben durch die Welt. Ich kenne sie, ich bin ihre Zeugin.

Gestern noch ,flotte Endvierzigerin' und morgen schon ,Anfang 50'

In meinem Freundes- und Bekanntenkreis geht es zur Zeit richtig rund. Um mich herum häufen sich die runden Geburtstage: Alle werden plötzlich 50.

Man kann es drehen und wenden, wie man will, die Zahl Fünfzig übt auf uns Frauen doch eine besondere Magie aus. Mit 19 konnte man die 20 kaum erwarten. Mit 29 war man immerhin schon beinahe 30. Die schönsten zehn Jahre waren die zwischen 39 und 40 ...

Und was kommt jetzt? 50. Das hört sich nach Lebensmitte an. Ein neuer Abschnitt beginnt. Früher, ja früher war man mit fünfzig schon alt. Die eigenen Eltern hat man älter in Erinnerung als die heutigen 50-Jährigen. „Das liegt daran, dass du damals jünger warst", sagt mein Jüngster. In seinen Augen gehöre ich wohl auch zum alten Eisen. „Sie sind schließlich auch nicht mehr die Jüngste", sagt der Arzt und meint das auch so. Die Wehwehchen, über die wir klagen, gehören zum Älterwerden dazu. Die Haare verändern sich, die Haut ist nicht mehr ganz so knitterfrei und straff. Die Appretur ist hin, da können Antifalten-Cremes auch nichts mehr ausrichten. Lifting kommt auf keinen Fall in Frage, das machen nur die, die mit dem Älterwerden Probleme haben. Wäre doch lächerlich, wenn man mit 50 noch aussehen wollte wie mit 20! Mit 50 kommt ein ganz neuer Glanz ins Spiel. Das innere Strahlen und eine gewisse Abgeklärtheit. Ein ganz neues Selbstbewusstsein ist der Generation 50 plus auf den Leib geschrieben.

Bei Licht betrachtet sind diese Fünfziger flott und richtig gut in Schuss. Das kommt nicht von alleine. Frau lebt bewusst, übt Sport aus, läuft regelmäßig, das hält fit und jung, lüftet den Kopf, macht Platz für neue Ideen. Und die kommen immer spontaner. Heute trägt die gestern noch Endvierzigerin Turnschuhe mit Stöckelabsatz, die andere ersteigert ihren Schmuck im Internet oder lernt Französisch an der Volkshochschule. Die eine hat die Malerei, die andere das Schreiben für sich entdeckt. Wer braucht da noch Anleitungen, wie man mit dem Älterwerden fertig wird, wenn man die besten Beispiele direkt vor der Nase hat. Mit dem Spruch: Alt werden wollen alle, nur älter werden will niemand, hat die weibliche Generation 50 plus nichts am Hut. Selbstbewusstsein ist angesagt und das Wissen, dass man die meisten Erfahrungen schon gemacht hat. Ihr lieben Geburtstagskinder, da kann ich nur sagen: Chapeau! Ich wäre wirklich nicht auf die Idee gekommen, euch für fünfzig zu halten! Ende vierzig, aber fünfzig? Niemals!

Herzlichen Glückwunsch …

EIN AUSGEKLÜGELTES VERSPÄTUNGSSYSTEM: DIE BAHN MACHT MOBIL

Warum pfeift der Schaffner nicht einfach in seine Trillerpfeife und schon fährt der Zug ab? Ich merke, dass ich noch immer ein sehr kindliches Verhältnis zur Bahn habe. Vielleicht liegt es ja daran, dass mein Papa das noch konnte. Pfeifen und Züge fahren lassen.

Heute scheint mir das bedeutend schwieriger zu sein. Ich fahre nicht oft mit der Bahn und bin daher keine Szenekennerin. Aber merkwürdigerweise scheint immer dann mit der Bahn was nicht zu stimmen, wenn ich drin sitze. Beispiel gefällig? Die Lautsprecherdurchsage meldet: Der Zug fährt ab um 8.52 Uhr. Mein Blick geht zur Uhr. Wir haben mittlerweile 9.45 Uhr. Ob der Herr im Lautsprecher keine Uhr vor Augen hat, frage ich mich. Ich bin offensichtlich nicht allein mit diesem Gedanken. Neben mir lacht ein Herr im Anzug laut auf und es klingt nicht nach einem freundlichen Lachen. Der junge Mann mit Rucksack erklärt mir gelassen, dass er die Verspätung mit einkalkuliere. Er fährt die Strecke regelmäßig. Momentan sitzen wir noch auf dem Bahnhof. Etwas zugig (das kommt wohl von den vielen Zügen, die an mir vorbeibrausen) und da hilft auch der nette Schaffner nicht. Es heißt nicht mehr Schaffner, ich weiß, aber von neuen Ausdrücken wird die Bahn auch nicht flotter. Der junge Mann und ich sitzen später im selben Großraumabteil. Fahrkartenkontrolle. „Mein Anschlusszug ist weg", sagt er zum Schaffner. Den stört das wenig. Klar, erlebt er das doch fast täglich. Mein Papa hat früher noch in einem dicken Kursbuch nachschlagen können und hat neue Anschlusszüge gefunden. Dieser Schaffner kann das nicht. Er schlägt vor, sich im Bahnhof zu erkundigen. „Mein Dienst endet in Mannheim, fragen Sie doch in München nach." Besonders freundlich klingt das nicht.

Jetzt kommt eine Lautsprecherdurchsage. Im Flugzeug begrüßt der Kapitän, hier heißt er Lokführer, die neuen Fahrgäste an Bord. „Wir haben zur Zeit 45 Minuten Verspätung, der Anschluss-IC" – Nummer habe ich vergessen – „in Mannheim hat 20 Minuten Verspätung."

Das nenne ich eine echte Rechenaufgabe. 20 Minuten auf unseren verspäteten Zug, oder 20 Minuten zu seinem eigenen Fahrplan? Das weiß auch der junge Mann mit Rucksack nicht mehr aufzulösen. Für mich klingt das wie ein ausgeklügeltes Verspätungssystem. „Bis Stuttgart werden wir etwa 95 Minuten Verspätung haben", quäkt es aus dem Lautsprecher. Und wenige Sekunden später eine weitere Durchsage: „An alle Bahnbediensteten. Wir haben Code 700." Ich bin sicher, wir Passagiere sollten das nicht hören. Ist Code 700 gefährlich? Steht ein herrenloser Koffer im Abteil? Haben wir eine Bombendrohung?

Ach, wäre ich doch nur mit dem Auto gefahren!

In grösster Not

Die Zeit wird noch reichen, denke ich. Ein Zug, der 20 Minuten Verspätung hat, wird wohl kaum jetzt einlaufen, während ich das WC aufsuche.

Ich nehme den Koffer mit, er hat ja Rollen. Dann stehe ich da. Den Koffer in der einen, die Handtasche in der anderen Hand. So komme ich da gar nicht hinein. Ein Drehkreuz versperrt den Weg. 50 Cent soll ich einwerfen! Ich fange an zu schwitzen. Ich habe kein 50-Cent-Stück. Aber ich muss da hinein. Sofort! 10-Cent-Stücke nimmt der Automat nicht und auch keine Eurostücke. Der Automat wechselt nicht, steht da groß geschrieben. Mir wird heißer. Wenn eben noch meine größte Sorge war, was ich in der Zwischenzeit mit meinem Koffer anstelle, wird meine Not immer größer. Ich möchte weinen, so kurz vor dem Ziel und doch ...

Mir fällt die Werbung für Tena-Lady und Blasenschwäche ein. Ich habe keine schwache Blase, ich habe nur keine 50 Cent! Mein Koffer wäre mir inzwischen völlig egal, wenn ich doch nur da hineinkäme. Ich würde ihn unbewacht stehen lassen. Die Überwachungskamera würde den Dieb sicher aufzeichnen.

Die Überwachungskamera! Das ist meine Rettung. Ich winke hinein. Mache verzweifelte Zeichen. Deute auf das Drehkreuz und auf mich. Es kommt niemand. Was zum Teufel überwachen die? Sehen die meine Not nicht? Was, wenn ich jetzt einfach darübersteige. Kommt dann der Toilettenmann? Werde ich festgenommen? Ich habe da schon die tollsten Storys gehört, über Zechpreller auf öffentlichen Toiletten. Da kommt ein junger Mann. Auch er hat es eilig. Doch er zögert bei meinem Anblick. Ob er die Tränen in meinen Augen gesehen hat? Ein Herr im Anzug beachtet uns nicht, wirft 50 Cent ein und passiert die Schranke. Der ist durch. Der junge Mann wirft mir sein 50-Cent-Stück zu. „Rasch!", ruft er mir zu, „gehen Sie!"

Ich zögere keine Sekunde. Dieser Mensch zahlt mir mein Klo. Das muss man sich mal überlegen! Das ist echte Nächstenliebe. Keinen Wimpernschlag zu früh, erreiche ich die rettende Tür. Welch eine Erlösung. Der junge Mann hat mich nicht nur gerettet, er hat auch noch meinen Koffer bewacht. Ich drücke ihm dankbar einen Euro in die Hand. Doch er schüttelt nur den Kopf. „Hätten Sie doch auch für mich getan", sagt er und wirft lässig ein zweites 50-Cent-Stück ein. „Ich habe die immer vorrätig, ist wichtiger als der Euro für den Einkaufswagen", sagt er und verschwindet.

Diesen Rat habe ich mir zu Herzen genommen.

DIE ENTRÜMPELUNGSKRISE

In welcher Kiste war jetzt noch die rote Bluse? Ich hab's geahnt, ich hätte sie doch im Schrank hängen lassen sollen und den ganzen Quatsch mit der Entrümpelung sein lassen sollen. Aber, wie es im Leben so ist, habe ich mal wieder alles viel zu wörtlich genommen. „Simplify your life!" Das schien mir die Zauberformel für ein übersichtliches und aufgeräumtes Zuhause. Außerdem habe ich gelernt, dass überflüssiger Ballast abgeworfen werden soll, wenn ich denn glücklich sein will wie ein Buddha.

Zu sein wie ein Buddha scheint mir die höchste Lebensqualität zu versprechen, sieht dieser Mensch nicht geradezu übernatürlich glücklich aus? Klar, er sucht wahrscheinlich auch keine rote Bluse.

Das Problem in meinem Haushalt hat schon damit begonnen, dass ich nicht alleine für Ballast zuständig bin. „Räumen Sie alles Überflüssige weg. Packen Sie es in Kisten, die nach dem Kleeblattprinzip aufgeteilt werden." Es liest sich so einfach. Mein Leben in Kisten könnte so unkompliziert und simpel sein, wenn da nicht Omas komplettes Goldrandservice in meinem Schrank gelandet wäre. Ich persönlich beanspruche nicht viel Stauraum, aber da ist noch die Glaserie 18-teilig, mit Feinschliff. Auch die habe ich freundlich übernommen. Das Kaffeeservice von Tante Judith wird nie benutzt, aber es ist nun mal ein Erbstück, so etwas wirft man nicht weg.

Addiere ich großzügig hinzu, dass in meinem Haushalt drei männliche Familienmitglieder leben, so kommen zu all dem unbenutzten Kram auch noch diverse Werkzeuge, Schrauben in allen Größen, dazugehörige Muttern, Fahrradschläuche, nach Größe und Farbe sortierte Farbdosen und was weiß ich nicht noch alles dazu. Ich könnte mühelos aufzählen, wer sich in unserem Haushalt welcher Sammelleidenschaft hingibt, es scheint mir jedoch im Angesicht der Tatsache, dass hier von Entrümpelung die Rede ist, überflüssig.

Mehr Leichtigkeit, mehr Luft zum Leben, ja das haben die Aufräum-Gurus mir versprochen. Ich habe alles Überflüssige in die drei Kleeblattkisten gepackt. Getreu dem Motto: 1. Wegwerfen, 2. Weitergeben, 3. Behalten. Ich besitze seither eine Menge Kisten. Zugegeben, es sieht nicht mehr sehr wohnlich aus, aber, da haben die Gurus recht, es putzt sich leichter, und auch Staub wischen geht schneller von der Hand, seit in meinem Bücherschrank alle Bücher in Kisten aufbewahrt werden.

Nur, in welche Kiste habe ich jetzt diese vermaledeite rote

Bluse gesteckt? Sie war eine Leihgabe meiner besten Freundin. Genaugenommen hätte ich sie in einen neuen Karton „Weitergeben" sortieren müssen, aber da ist sie nicht. In meinem Schrank auch nicht. Ich habe noch einmal nachgedacht. Nach dem Wegwerfprinzip: „Haben Sie es in den letzten drei Monaten benutzt? Haben Sie eine emotionale Bindung an das Stück? Wenn nicht, dann weg damit!" fürchte ich, die Bluse ist in Kiste 1 gelandet.

Zu viel Ordnung, das habe ich bei der Aktion begriffen, zu viel Ordnung macht das Leben auch nicht leichter.

Versteckspiele in der Kühltruhe

Mein Ehering ist verschwunden. Weg!

Alles habe ich durchsucht, sogar den Wäschehaufen in der Waschküche habe ich drei Mal gewendet. Ergebnislos! Der Ehering ist und bleibt verschwunden. Mir wird abwechselnd heiß und kalt, denn dieser Ring hat mich immerhin 25 Jahre geschmückt und bestätigt das Versprechen, das wir uns damals gaben. Ich habe ihn immer getragen. Was, wenn er jetzt weg ist? Das darf nicht sein. Weiter suchen! Meinem Mann sage ich vorläufig besser nichts davon. Er würde mir am Ende Vorhaltungen machen. Man(n) verliert nicht den Ehering. Wie Recht er hat. Seiner liegt seit 25 Jahren in der Schmuckschatulle, sieht aus wie neu und kann nicht verloren gehen. Aber ich schweife ab. Während ich weiter suche, fallen mir all die Dinge ein, die im Laufe unseres Lebens schon als Verlust abgeschrieben waren. Das letzte große Suchmanöver mit Folgen hatte mein Schlüsselbund ausgelöst. Weg. Alle Schlüssel dran. Haustür, Kellertür, Garage, Auto. An die Kosten, die ich damit verursacht hatte, will ich gar nicht denken. Der Schlüssel tauchte etwa einen Monat später wieder auf. Er war in den Werkzeugkoffer gerutscht. Etwas länger liegt die Aktion mit meinem Personalausweis zurück. Und auch für die Scheckkarte meines Mannes war Verlust gemeldet. Ach, was war der Mann aufgeregt. „Schatz! Du musst die Karte *sofort* sperren lassen!" Nein, er hatte keine Ahnung, wo die Karte sein könnte. Vielleicht am Flughafen im Automaten stecken gelassen, oder aus dem Portemonnaie gefallen. Ich habe sofort jeden Zugriff auf das Konto sperren lassen. Dass ich damit auch meine Karte außer Gefecht gesetzt hatte, merkte ich erst später.

Etwa an diesem Tag fiel auch auf, dass mein Personalausweis unauffindbar war. Wie kann ein Personalausweis verschwinden? Lange Rede, kurzer Sinn: Monate später – ich hatte einen neuen Ausweis, mein Mann eine neue Karte mit PIN – tauchten beide einfach so, unter der Fußmatte im Auto, wieder auf. Wie die da hingekommen sind, möchte ich wissen! Ich spiele doch nicht Verstecken mit diesen Dingen.

Aber es geht weiter: Der Dosenöffner hat die Farbe gewechselt und ist seither unsichtbar, mein Presseausweis steckt nicht mehr in seinem Fach, und selbst mein Fotoapparat kann auf wundersame Weise aus dem Auto verschwinden. (Später stellte sich heraus, dass ich einfach vergessen hatte, ihn mitzunehmen.)

Doch nun zurück zum Ehering. Ich habe ihn in der Kühltruhe gefunden. Ganz tief unten lag er. Ich hätte die Truhe schon vor Wochen abtauen müssen ... Mir wäre viel Sucherei erspart geblieben!

DER SCHORNSTEINFEGER IM DEZEMBER

„Weihnachten gehört abgeschafft!", sagt Tante Charlotte, und ich gebe ihr im Stillen Recht.

Durch den ganzen Zirkus drumherum geht doch der eigentliche Sinn, die Geburt vom Jesuskind, völlig verloren. Ehrlich gesagt, manchmal würde ich mich auch gerne drücken vor den vorweihnachtlichen Verpflichtungen, die ab dem 1. Advent auf mich zukommen. Bei uns daheim ist Weihnachten deshalb längst komplett abgeschafft. Es gibt schon lange keine Geschenke mehr. Na klar, den Kindern macht man noch eine kleine Freude. Selbstverständlich den Eltern und Schwiegereltern. Man kann doch Weihnachten nicht mit leeren Händen kommen. Aber unter uns Eheleuten ist es abgemacht: Das Geld wird für sinnvollere Zwecke eingesetzt. Zum Beispiel für eine Reise.

Doch was ich auch versuche, das Reisegeld will nicht zusammenkommen. Gerade eben hat mein Jüngster um fünf Euro für ein Geschenk gebeten. In seiner Klasse wird „gewichtelt". Ach ja, und jede Weihnachtsfeier verlangt das eine oder andere Weihnachtsopfer. Da komme ich nicht gegen an. Wer will schon als Spielverderber gelten, wenn alle anderen mit ihren kleinen Geschenken kommen.

Also sparen wir an anderer Stelle. Ich versuche Arztbesuche noch im November abzuhaken. Schließlich kann man im Dezember doch nicht mit leeren Händen in die Arztpraxis kommen. Eine kleine Aufmerksamkeit zum Nikolaus muss da schon sein. Meine Familie ermahne ich, sich jetzt nicht mehr zu verletzen, oder womöglich gar Krankheiten zu bekommen, die im Krankenhaus behandelt werden müssen. Schließlich ist bald Weihnachten, da ist es mit dem obligatorischen Pfund Kaffee nämlich nicht mehr getan.

Ach ja, die Männer vom Müll sollte ich auch nicht vergessen, schließlich machen sie das ganze Jahr über meinen Dreck weg. Der Schornsteinfeger kommt auch nicht mehr im Oktober, er kommt jetzt im Dezember. Auch er appelliert an mein weihnachtlich eingestimmtes Herz. Wahrscheinlich sollte ich bis Weihnachten oder besser bis Neujahr immer ein paar Geschenke oder Geldumschläge mit mir führen, damit ich nicht in die peinliche Situation gerate, nichts geschenkt zu haben. Ich weiß gar nicht so genau, wen man alles bedenken muss. Und während ich noch darüber sinniere und weitere Einsparungsmöglichkeiten sondiere, klingelt es an der Tür. Es ist der Postbote. Bis vor kurzem kannte ich ihn nicht. Doch seit Anfang Dezember gibt er die Post persönlich ab. Ein untrügliches Zeichen für die bevorstehende Weihnacht.

Ich glaube, es wird wieder nichts mit einer Reise.

DIE SÜSSE VERFÜHRUNG

Na also, jetzt ist es endlich amtlich. Schokolade macht schön! Schokolade ist also nicht nur gut für die Seele, sondern auch für die Schönheit. Bei meinem Schokoladengenuss müsste ich Claudia Schiffer, Naomi Campbell und Co. längst ausgestochen haben. Eben noch war ich voller guter Vorsätze. Doch irgendwer muss mir diese Tafel in den Einkaufswagen geschmuggelt haben. Mein Entschluss steht fest: Diese Tafel Schokolade kommt mit allen anderen Einkäufen in den Kofferraum! Ich will die süße Versuchung nicht auf dem Beifahrersitz liegen haben. Das ist nämlich die dunkle Seite vom Genuss. Diese schreckliche Reue nach dem Sündenfall. Apropos die dunkle Seite. Am liebsten esse ich die dunklen Schokosorten, die köstlichen Schokotafeln mit Sauerkirsch-Chili-Füllung zum Beispiel. Oder diese verführerische Kombination von gesalzenen Erdnüssen in süß-herber Schokolade. Ich darf gar nicht daran denken. Bleib vernünftig!, rufe ich mir zu.

Doch schon jetzt spüre ich die Sinnlosigkeit der selbst auferlegten Entsagung. Schokolade macht schön! Schokoladengenuss entspannt. Ein Täfelchen ist wie ein Kurzurlaub und hellt die Stimmung auf, säuselt eine innere Stimme.

Mein Gewissen hält dagegen: Schokolade ist schlecht für die Zähne. Schokolade macht dick!

Dieses Zwiegespräch geht mir auf die Nerven. Ganz klarer Fall: Ich brauche Nervennahrung!

Gleich kommt eine Ampel, dann könnte ich den Sprint nach hinten wagen. Schon male ich mir aus, wie das erste Täfelchen auf meiner Zunge schmelzen wird. In Vorfreude schließe ich die Augen. Die Ampel ist gegen mich. Überhaupt hat sich heute der ganze Verkehr gegen mich verschworen. Zwei sonst sehr zuverlässige Rot-Ampeln stehen auf Grün und halten mich vom Naschen ab. Ich kann einfach nicht bei diesem Verkehr zum Kofferraum rasen. Jetzt, endlich, meine Chance!

Ich habe es geschafft. Schon liegt sie neben mir. Und schon geht es mir besser. Schon allein die Vorfreude macht schön. Ich sehe im Rückspiegel, wie sich meine Gesichtszüge entspannen.

Ich könnte meine Schokosucht ja auch wissenschaftlich begründen: mit Serotonin und Tryptophan, dem Glückshormon. Ja, wie frisch verliebt, sagt die Wissenschaft, ist man nach dem Genuss von Schokolade.

Gibt es da noch etwas hinzuzufügen? Aus meiner Sicht jedenfalls nicht. Vorerst bin ich mit dem Glückshormon beschäftigt und bin ganz sicher, dass auch Claudia Schiffer Schokolade genießt.

Wie sonst wären ihre Schönheit und Ausgeglichenheit zu erklären?

Schliesslich heisst es Muttersprache

Es gab eine Zeit, da waren meine Kinder dankbar für jedes Wort, das ich mit ihnen wechselte. Mit einem Lächeln quittierten sie jeden meiner Sätze, mehr noch, sie belohnten mich mit strahlenden Augen für diese Form der Zuwendung. Schritt für Schritt habe ich die Jungs in die Welt der Worte eingeführt. Habe für sie alles kommentiert, habe mit ihnen geredet, bis sie eingeschlafen waren. Schlaflieder singen erübrigte sich in unserem Haushalt: Ich habe sie locker in den Schlaf geredet.

Nun, ich kann nur vermuten, dass es an meinem ausgeprägten Sprachtalent liegt, dass meine Söhne über einen ungeheuren Wortschatz verfügen. Zumindest war das so, als sie noch kleiner waren.

Heutzutage sind sie da schon ein wenig wortkarger. Meine Redelust allerdings, die ist bis heute ungebrochen. Ich spreche mit meiner Familie, auch wenn sie gar nicht da ist. Ich spreche mit meinem Jüngsten, der in der hinteren Wohnzimmerecke sitzt und mir die ganze Zeit über per Kopfnicken zu verstehen gibt, dass er mir zuhört. Es ist ein seltsam rhythmisches Kopfnicken, aber das stört mich nicht. Hauptsache, ich werde wahrgenommen.

Er nickt auch noch auf dieselbe Art, als ich ihn bitte, den Tisch zu decken. Dieses Nicken beunruhigt mich. Bei näherem Hinsehen erkenne ich, dass er Stöpsel im Ohr hat. Warum nickt er nur, wenn er mir gar nicht zugehört hat?

Aber was soll's. Als die Kinder noch klein waren, habe ich ja auch weitergeredet, als sie längst schliefen, tröste ich mich. An der roten Ampel habe ich erklärt, dass wir jetzt warten müssen. Dann schauen wir nach links, rechts, links und los geht es. Damals lagen die Kinder noch im Kinderwagen. Heute sitzen sie mit mir im Auto und ich rede immer noch.

Das rhythmische Nicken kenne ich inzwischen schon und weiß, dass mich sowieso keiner hört. Alles Gewohnheitssache, denke ich und rede ungehindert weiter. Ich spreche über den schlechten Zustand der Straße, schimpfe mit dem Autofahrer, der mir gerade den Weg abgeschnitten hat. Ich spreche mit der verstaubten Sonnenblende und beschließe beim nächsten Ampelhalt, die Scheibe und das „Cockpit" zu säubern. Ich überlege laut, was es heute Abend zu essen geben könnte, und ich teile meinen Insassen mit, dass wir das Ziel gleich erreicht haben werden. „He Mutter, du wirst langsam alt, du führst Selbstgespräche", sagt mein Jüngster und tippt mir auf die Stirn. Er hat seine Stöpsel lässig auf der Schulter hängen. „Mach dir keine Sorgen, Kind, das tu ich schon seit über zwanzig Jahren."

Schließlich heiß es Muttersprache.

AMPEL-LACHEN, AMPEL-FITNESS

Lächeln ist das Kleingeld des Glücks, hat Heinz Rühmann einmal gesagt. Vielleicht hatte er deshalb immer ein kleines Lächeln im Gesicht und dazu den Schalk im Nacken. Er hat wohl gewusst, dass durch Lächeln, Schmunzeln und herzhaftes Lachen nicht nur die Seele positiv beeinflusst wird, sondern dass man mit einem Lächeln Glück und Freude verschenken kann.

Deshalb kann ich auch nicht verstehen, warum so viele Menschen so mürrisch dreinschauen. Dabei wissen wir doch alle, dass beim Lächeln die Gesichtsmuskulatur entspannt, während Dauergriesgram nicht nur tiefe Falten verursacht, sondern die Muskulatur stark beansprucht. Es müsste doch, genau genommen, viel leichter sein, mit einem Lächeln durchs Leben zu gehen. Stattdessen aber gucke ich nur in mürrische, gequälte Gesichter.

„Leute, die Sonne scheint!", möchte ich den Menschen in meiner Umgebung zurufen. Ob mir wohl jemand zuhören würde? Wohl kaum. Eher würde ich ungläubiges Kopfschütteln ernten. Ich spreche aus Erfahrung. Denn die Leute schütteln öfter mal den Kopf über meine Lacherei. Ich lache gerne und ich lache laut. Ich habe aber auch begriffen, dass herzhaftes Lachen ansteckend sein kann. Deshalb lache ich ungeniert weiter. Wohl auch deshalb, weil herzhaftes Lachen, laut einer Gesundheitsstudie, Fett verbrennt. Leute, ich hab's! Endlich kann ich die Frage beantworten, weshalb ich, obwohl ich gut und gerne und vor allem recht viel esse, immer noch, na, sagen wir, schlank geblieben bin: Ich lache das Fett einfach weg!

Ich kann diese Methode also aus eigener Erfahrung bestens empfehlen. Auch eine Übung aus dem Yoga reizt sehr zum Lachen. Versucht haben wir es im Auto. Draußen mieses Wetter, alles gries und grau. Im Auto haben wir Frauen durch ein lautes „Ha!" dem Miesepeter den Garaus gemacht. Es wirkt garantiert. Dreimal laut „Ha!" gerufen und schon muss man über sich selbst lachen.

Gerade habe ich es im Selbstversuch ausprobiert. Ampel rot. Ich habe die Wahl zwischen Ampel-Fitness (Pobacken zusammenkneifen, anspannen) oder Ampel-Lachen. Ich entscheide mich für Lachen: „Ha!"

Es wirkt. Ich war offensichtlich so laut, dass mein Ampelnachbar meine Lachübung mitbekommen hat. Auf jeden Fall hat er herzlich und laut gelacht. Wir haben beide gelacht und uns zugewinkt. Ich bin sicher, dieses Lachen wird heute weitergetragen.

„Sind Sie immer so gut gelaunt?", fragt mich eine Dame, der ich pfeifend die Tür aufgehalten habe. „Nicht immer, aber immer öfter", gebe ich gut gelaunt zurück. Sie schüttelt zwar leicht verwundert den Kopf, aber immerhin – sie lächelt.

Da bin ich doch geneigt, mich den Worten Heinz Rühmanns anzuschließen: „Lächeln ist das Kleingeld des Glücks."

Wie, so frage ich mich, wie haben wir das früher gemacht, als die Kinder noch klein waren und ein Haufen Spielzeug mit in den Urlaub musste?

All das, was jetzt im Hausflur aufgetürmt ist, soll ins Auto. Mir scheint das geradezu ein Ding der Unmöglichkeit. Dabei habe ich doch höchstpersönlich darüber gewacht, dass nicht zu viel eingepackt wird. Ich selbst habe mich beschnitten und auf das eine oder andere Kleidungsstück verzichtet.

„Das liegt nicht am Koffer, das liegt an dem ganzen Kleinkram, den du nach und nach anschleppst", kommentierte mein Mann meine Bestürzung.

„Was ist das?", fragt er mich gerade und hält mir die Kartoffelpresse vor die Nase. „Was um Himmels willen willst du mit der Kartoffelpresse? Wir fahren für eine Woche in den Wintersport, was soll das?"

Ich bin empört. „Erinnerst du dich, wir verpflegen uns selbst und du isst am liebsten alles frisch zubereitet."

Mein Mann hat mir gar nicht richtig zugehört. Er hat sich in der Zwischenzeit einen Überblick über die weiteren Vorräte verschafft. „Du hast sechs Liter Milch, drei mal fünf Kilo Kartoffeln, drei Pfund Kaffee, mehrere Pakete Nudeln und Reis und zwei Beutel Zwiebeln eingepackt! Man meint, du rüstest eine ganze Expedition aus. Und was ist in dieser Kiste?"

Seine Stimme klingt jetzt ein bisschen schrill. So kenne ich ihn gar nicht. „Bücher", sage ich deshalb so ruhig wie möglich. Er weiß doch, dass ich gerne lese.

Bis auf eines müssen alle anderen Bücher zu Hause bleiben, Kartoffelbrei gibt es aus dem Beutel, Milch kann man auch in Österreich kaufen, da gibt es Kühe im Überfluss. Rigoros trägt mein Schatz den Berg im Flur wieder ab. Ich stehe daneben und frage mich, wo wir früher alles verstaut hatten. Als die Kinder noch kleiner waren, gehörte eine große Legokiste mit Bausteinen, mindestens drei Brettspiele für verregnete Tage und jede Menge Kleidung zum Wechseln – Kinder machen sich im Winterurlaub schnell mal nass – und mindestens zwei Plüschtiere pro Kind ins Gepäck. Damals waren wir zu viert und unser Auto hatte einen relativ kleinen Kofferraum. Jetzt fahren wir nur noch zu dritt und kriegen selbst den Kombi voll. Die Kinderspielsachen sind längst einem kleinen MP3-Player gewichen und selbst das Kartenspiel bleibt zu Hause. Da müsste im Auto doch Platz im Überfluss sein! Doch, oh Schreck, selbst der frei gewordene Sitzplatz neben unserm Jüngsten ist voll gepackt.

Seit neuestem haben wir eine große Dachbox. Ich bin gespannt, ob wir die je voll kriegen.

DER EMANZIPIERTE MANN

„He! Sie da! Ja, genau Sie meine ich."

In aller Eile habe ich mein Autofenster runtergekurbelt und versuche, wild gestikulierend, diesem Herrn im Auto vor mir klarzumachen, dass er gerade dabei ist, auf einem FRAUEN-PARKPLATZ einzuparken. Und, was glauben Sie, macht er? Er zeigt mir einen Vogel und fährt ungerührt in diese (meine!) Parklücke. Nun, ich bin ja nicht rechthaberisch und schon gar nicht nachtragend, aber was glaubt der Typ eigentlich, wozu Frauenparkplätze da sind? Damit wohlgenährte, starke Männer sich in der ersten Reihe einen Parkplatz suchen?! Auf meine unnachahmlich zuvorkommende, nette Art spreche ich ihn, nachdem er sorgfältig sein Auto abgeschlossen hat, an.

„Haben Sie gesehen, da steht ganz groß FRAUEN-PARKPLÄTZE dran. Das sind Parkplätze für Frauen – nicht für Männer", versuche ich dem Mann zu erklären.

„Na, Puppe, was glaubste wohl? Meinste, ich müsste da jetzt wieder weg, nur weil es dir nicht passt?"

So viel Freundlichkeit hätte ich dem Herrn gar nicht zugetraut. Doch er kann noch besser. „Haste noch nix von der Emanzipation des Mannes gehört? Ha! Ha! Ha!", höhnt er mir ins Gesicht, dreht sich um und lässt mich stehen.

Nun, es gibt sie immer und überall. Diese unverbesserlichen Dickhäuter. Sie sind rücksichtslos und lassen selbst das kleinste Fünkchen Anstand vermissen. Sollte ich mich mit einem wie ihm etwa anlegen? Quatsch.

Ich habe mir eine Parklücke in einer dunklen Ecke, eine Etage weiter unten, gesucht, und habe dem emanzipierten Mann seinen Triumph gelassen.

Aber es ist schier unglaublich, es soll Leute geben, die wissen wirklich nicht, wozu Frauenparkplätze überhaupt da sind. Manche tun nur so, aber viele wissen es wirklich nicht. Eine Bekannte sagte neulich zu mir: „Was, da parkst du? Diese Blöße gibst du dir?"

Hoppla, welche Blöße denn?

„Na, die sind doch extra breit für die doofen Weiber zum Einparken."

Neiiiin – das darf doch nicht wahr sein, so viel Dummheit auf einem Haufen habe ich aber auch noch nicht erlebt. Ich versuche ihr also zu erklären, dass es keineswegs diskriminierend sei, einen für Frauen ausgewiesenen Parkplatz zu wählen. „Frauenparkplätze in Parkhäusern sind heller, nahe am Ausgang oder können durch den Kassierer eingesehen werden", erkläre ich schulmeisterlich.

„Ach tatsächlich, heller und näher am Ausgang, hm." Sie wirkt ein wenig nachdenklich und schmunzelt still vor sich hin. „Witzbold", sagt sie, „hast du dir schon mal Gedanken darüber gemacht, wie viele Frauen tagsüber in Parkhäusern ihr Auto abstellen. Wie viele Männer hingegen ihre Einkäufe tagsüber per Auto erledigen? Hast du dir mal überlegt, dass die meisten Parkplätze tagsüber von Frauen belegt werden und wie viele der Parkflächen sind tatsächlich Frauenparkplätze? Prozentual gesehen gibt es zu viele Männerparkplätze."

Nun, wo sie Recht hat, hat sie Recht. Da stimmt doch was nicht, und wenn dann noch so ein frecher Kerl von Emanzipation quatscht und sich auf einen für mich reservierten Platz stellt, da steht doch die Welt irgendwie Kopf, oder? Nun bin ich platt, und dem ist nichts mehr hinzuzufügen. Außer vielleicht: „Hallo ihr starken, emanzipierten Männer, diese wenigen Parkplätze gehören uns, auch dann, wenn IHR in Begleitung einer FRAU seid. Verstanden?"

Beherrscht bis in die Ohrläppchen

„Hat die jetzt gelacht oder nicht?"

„Natürlich hat sie gelacht, das habe ich doch gehört!" Meine Freundin ist empört. Sie hat das Lachen vernommen – aber ich habe es nicht gesehen. Und wenn ich ein Lachen nicht auch bis in die Augen blitzen sehe, dann war es auch kein Lachen.

Merkwürdig, worüber man sich wundert, wenn man selbst ein gewisses Alter erreicht hat. Ich wundere mich nämlich darüber, wie sich manche Frauen meines Alters bisher scheinbar gänzlich ohne Falten durch das Leben manövriert haben. Die lachen nicht wirklich, das ist meine feste Überzeugung. Ich kenne eine Frau, die hat auf jedem Foto so was wie ein „Engelslächeln". Sie beherrscht die Pose aus dem FF. Sie reißt die Augen weit auf, reckt den Hals ein wenig und dann gefriert sie ihr Lächeln ein. Seit Jahren praktiziert die das und altert auf Fotos nie.

Ich habe sie auch noch nie richtig wütend erlebt. Sie bleibt beherrscht bis in die Ohrläppchen. Im Gegensatz zu mir. Wenn ich wütend bin, sieht man das. Wenn ich nachdenke, dann sieht man das auch. Ich habe eben eine sehr ausgeprägte Mimik, und so sehr ich mich auch anstrenge, ich bekomme sie nicht unter Kontrolle. Ich bin eben ein sehr emotionaler Mensch und keine Maschine.

Neulich habe ich eine Sendung gesehen über geliftete und gebotoxte Gesichter. Mein Gott, kann man mit so weit nach oben gezogenen Lidern überhaupt noch schlafen, habe ich mich gefragt. Die Oberlippe so dick aufgespritzt, dass sie fast die eigene Nase küsst.

Nein, beim besten Willen nicht, so würde ich nicht aussehen wollen.

Und noch während ich über die Halbstirn einer gebotoxten Frau (zur Hälfte Falten und zur Hälfte glatte Stirn) grüble (ich mache dabei selbstverständlich Falten), zeigt mir das Fernsehen den Mann 2007. Rasierte Augenbrauen und weit aufgerissene Augen. Sein faltenloses Lächeln erreicht die Augen nicht. So sieht also der Mann von heute aus.

Vor dem Gesetz sind Mann und Frau gleich, heißt es und bald gibt es auch im wirklichen Leben keine Unterschiede mehr. Den Silikon-Muskelbusen hat er sich nicht etwa antrainiert, sondern den hat er eingepflanzt bekommen. Die Pobacken sind geliftet und Körperhaare sind passé. Epiliert, von oben bis unten. Nur das Haupthaar glänzt pomadisiert und dunkel über den weit aufgerissenen Augen. Mir wird das alles unheimlich und ich fange an zu lachen. Und mein Gesicht lacht mit. Mit allen damit verbundenen Folgen, besser gesagt: Falten.

Keine Harley oder: Das Leben verpasst

Sie sind wieder da. Die überdimensionierten Spielzeuge – nur für Männer. Mit den ersten Sonnenstrahlen kommen sie im Frühjahr aus ihren Löchern.

Wohl den Männern, die schon ein Motorrad haben. Doch wehe dem, der bislang nur davon träumen durfte. Was er nicht alles im Leben verpasst hat! Er hat nicht Samstag für Samstag mit sehnsuchtsvollem Blick zum wolkenverhangenen Himmel geblickt. Er hat nicht mit liebevoller Hingabe das Motorrad gewienert und gepflegt. Er hat nicht feststellen müssen, dass die Kombi vom letzten Jahr zu klein geworden ist, und er hat nicht, ja was denn?? Er hat nicht einmal ein Motorrad!

Grauenvoll eng scheint die 3-Zimmer-Wohnung, wenn draußen die Sonne scheint, denn mit dem Frühling erwacht der Motorradfan im Mann. Diesen chromblitzenden Feuerstühlen kann er nur schwer widerstehen. So ist das nun mal: Direkt nach der Märklin-Eisenbahn muss mindestens eine Harley ins Haus. Sie kommt – die Harley-Krise!

Klingt leicht übertrieben, mag sein, aber gucken Sie sich doch mal mit offenen Augen um. Kaum ein Mann um die 40 (bei manchen geht es schon mit Mitte Dreißig los), der nicht wenigstens mit einem Motorrad liebäugelt.

So sind die Herren der Schöpfung nun mal. Nachdem sie ihren Söhnen eine Märklin-Eisenbahn verwirklicht haben – in Wahrheit haben die Kinder fast nie damit gespielt – muss in der männlichen Erwachsenenwelt wieder ein neues Ideal her. Das Motorrad. Für manche ein wahres Desaster! Tagelang, was sag ich denn, wochenlang wird von nichts anderem geredet als von der beginnenden Motorradsaison. „Und ich habe kein Motorrad."

Die Saiten der Melancholie und Depression erklingen laut, wenn der Mann einen solchen Ausspruch tut. Er hat kein Motorrad! Ja, du lieber Himmel, was habe ich alles NICHT?!

Ich hätte z.B. gerne einen Küchenroboter, der selbstständig Spülmaschinen ein- und ausräumt ...

Ein Mann, der kein Motorrad hat, der kommt sich ab einem gewissen Alter irgendwie verkrüppelt vor. Das „HD-Syndrom" hat sogar von Psychologen schon einen Namen erhalten und greift unweigerlich auf den Mann über.

Ein Sonntagsausflug bekommt mit einem Mal ganz andere Dimensionen. Jeder Parkplatz im Grünen wird angesteuert, nicht etwa, um Pinkelpause zu machen, nein, die Motorräder müssen begutachtet werden. „Ah – schau da! Eine Harley! Und dort! Eine Goldwing!" Verzücken wie in der ersten Liebesnacht. Fast zärtlich fährt die Männerhand über das blitzende, blinkende Gestell. Der Blick geht zur nächsten Maschine. Und was für ein Blick. Mir wird ja schon ganz anders ... Immer öfter fallen Sätze wie: „Die Kinder sind doch schon groß, wir könnten uns doch mal wieder –". Ja, was dachten Sie denn? Keine Kinder – er meint ein Motorrad.

Zehn Jahre lang soll ich das aushalten. So lange hält die Harley-Krise an, habe ich mir sagen lassen.

Die Bedienungsanleitung zur Bedienungsanleitung

Unstimmigkeiten, wir haben Unstimmigkeiten! Nichts Ernstes, nein, mehr so was Alltägliches.

Das neue technische Gerät in unserem Haushalt will nicht so, wie ich gern will. Das ist an und für sich nichts Neues.

Die Unstimmigkeiten fangen erst damit an, dass mein Mann mir zu Hilfe eilt. Er meint es nur gut, aber ich habe mir in den Kopf gesetzt, dieses technische Gerät alleine und ohne Hilfe in Gang zu setzen. Nun, ich nehme mir also die Bedienungsanleitung zur Hand. Ein tolles, dickes Ding. Da muss doch was mit anzufangen sein ...

Nun, wenn ich ehrlich bin, ich verstehe kein Wort. Dieses Fachchinesisch ist das Härteste, das ich je gelesen habe. (Wissen Sie, was ich glaube? Die schreiben einen solchen Mist, weil sie selber gar nicht verstehen, was sie eigentlich sagen wollen.) Nun, zurück zu meinem Problem. Mein Mann ist eher technisch begabt und vor allen Dingen sehr forsch im Umgang mit jeglichen Maschinen. Eine Bedienungsanleitung kommt für ihn sozusagen erst gar nicht in Frage. Er tastet sich ran. Ich, eher übervorsichtig mit allem, was tickt und brummt, versuche mich eben über dieses wundersame dicke Bedienermanual mit der Wunderwelt der Technik auseinanderzusetzen.

Um es kurz zu machen. Ich blicke nicht durch. Ich drehe durch. Schon bei der einfachen Beschreibung sehe ich Rot. Beispiel: *In die Buchse, die mit dem Netzgerätesymbol gekennzeichnet ist, stecken Sie nun den Stecker der Netzgeräteschnur und legen die Schnur in den zugehörigen Kabelkanal. Bei nicht gestecktem Netzgerät ist Ihr megaset nicht funktionsfähig.* So geht es weiter bis zu den Symbolen: Symbol zeigt, *dass das Wahlverfahren zeitweise auf MFV umgeschaltet ist.* Was zur Hölle ist MFV? Nun, ich lese tapfer weiter: *Umschalten der Zustände* (??!!) Und zu guter Letzt noch der Hinweis: *Bei allen Wählaussendungen und Programmierungen muss sich das Mobilteil im Ein-Zustand befinden. Wenn Sie den System-Code vergessen haben, ist ein Eingriff in das Gerät erforderlich* (Eingriff? Klingt wie Operation, oder?)

„Lass mich mal."

Mein begabter Ehemann ist wieder zurückgekehrt, und das, obwohl ich ihn vorher ziemlich rüde behandelt hatte. Nun, er schnappt sich dieses Telefon, drückt mal hier, zieht mal da. Steckt die dazugehörigen Stecker in die dafür vorgesehenen Buchsen und siehe da, der Rest ist ein Kinderspiel. In schlichten einfachen Worten erklärt mir mein Mann die Funktionen.

Und ansonsten gibt es ja immer noch die Bedienungsanleitung – oder?

Auto, die 1.: Wenn der Kopf nicht angewachsen wäre ...

Ja, das hat meine Mutter immer zu mir gesagt: Wenn der Kopf nicht angewachsen wäre, würdest du den auch noch suchen.

Als Kind war ich bekannt dafür, ständig irgendetwas irgendwo zu suchen. Nun ja, heute suche ich immer noch.

Nur: Die Gegenstände werden größer. Neulich, wie peinlich, da habe ich auf dem Parkdeck mein Auto gesucht. Ja, mein Auto. Ich hätte heulen können, denn es stand einfach nicht mehr da, wo ich es hingestellt hatte. Und dabei hatte ich mir doch den Laufweg genau gemerkt. Direkt neben dem Aufzug links. Da steht zwar ein Auto, aber es ist eindeutig nicht meins. Meine Verzweiflung war nicht gespielt, und es war wohltuend, dass sich sofort ein Herr um mich kümmerte. „Wir finden Ihr Auto schon", tröstete er mich. „Was für ein Auto ist es denn?"

Und ich antworte: „Ein blaues Cabriolet."

Nun, ich mache es kurz, wir haben das Auto nicht gemeinsam gefunden. Ich musste den freundlichen Herrn abschütteln, denn in dem Augenblick, als ich es aussprach, wurde mir klar, dass ich an diesem Abend das Auto meines Mannes gefahren habe. Es war ein dunkler BMW. Mal abgesehen davon, dass ich schon nicht in der richtigen Etage gesucht hatte, habe ich definitiv nach dem falschen Auto Ausschau gehalten. Wie um alles in der Welt hätte ich das dem freundlichen Herrn sagen sollen?

Unlängst ist es mir schon wieder passiert. Ich steuere zielsicher auf mein Auto zu. Den Schlüssel in der Hand, die andere Hand beladen. So, wie ich eben oft vor meinem Auto stehe. Schlüssel rein, geht schwer, sehr schwer, aber mit ein wenig Nachdruck klappt es. Lässt sich nicht drehen. Ich fluche, obwohl ich weiß, dass es sich für eine Frau in meinem Alter nicht ziemt. Also, alles abstellen, Schlüssel wieder raus aus dem Loch, noch einmal richtig einstecken. Neuer Versuch. Wieder fehlgeschlagen. Neben mir steht eine nette Dame: „Kann ich Ihnen behilflich sein?", fragt sie, „ich habe nämlich den passenden Schlüssel."

Rot, so rot wie schon lange nicht mehr, war mein Kopf. Ich hatte versucht, das falsche Auto aufzuschließen. Ich schwöre, es hatte dieselbe Farbe, das schwarze Dach, und es stand (fast) auf meinem Parkplatz. Zwei Reihen weiter übrigens, habe ich mein Fahrzeug entdeckt. Na ja, kann ja mal passieren.

Auto, die 2.: Die unendliche Geschichte

Das mit dem Auto ist ja schon so eine Sache, deshalb kommt hier auch eine Fortsetzungsgeschichte.

Denn, als ich mein Missgeschick neulich einer Freundin erzählte, hat sie nur verständnisvoll genickt. „Stell dir vor", sagt sie, „stell dir vor, was mir passiert ist: Ich, vor meinem Auto, Autotür nicht abgeschlossen. Ich denke, Mist, verfluchter, wieso nur habe ich mein Auto nicht abgeschlossen? Jetzt steht das hier seit Stunden auf einem öffentlichen Parkplatz und ist offen. Na ja, schneller Blick ins Innere, es scheint nichts zu fehlen. Schlimmer! Es sind neue Sachen hinzugekommen. Da hat einer seinen Müll in meinem Auto abgeladen. Frechheit. Eine halbvolle Orangensaftflasche liegt auf dem Rücksitz und daneben zwei angefressene Tafeln Schokolade. Und überhaupt, wer hat mir diese Einkaufstüte ins Auto gestellt?"

Machen wir's kurz: Es war nicht ihr Auto. Es war noch nicht

einmal dieselbe Marke, es war nur zufällig auch grün. Kann ja alles mal vorkommen.

Und so bin ich auch dem Herrn für seinen Anruf überaus dankbar. Dieser Herr hat meine erste Geschichte zum Thema ,Wo ist mein Auto?!?' gelesen und mir gebeichtet, ihm sei das mit dem Parkhaus auch schon passiert, und es sei gar nicht so frauentypisch. Lieber Mann, Sie sind mir ja sooo sympathisch! Und weil Sie so offen zu mir waren, gebe ich jetzt mein letztes Parkhausgeheimnis preis. Seit geraumer Zeit notiere ich mir die Nummer der Parkdecks und des Stellplatzes. Ich schreibe mir zum Beispiel auf: Ebene zwei, grün, Nr. 234. Die Idee stammt nicht von mir, ich habe sie von einer Leidensgenossin abgekupfert.

Nun, was rede ich lange rum. Es hat nicht wirklich funktioniert.

Es war auf jeden Fall etwas mit M, mehr hatte ich mir nicht gemerkt. Ich laufe ein Stück zurück, erste Tür, zweite Tür, hier bin ich richtig. Parkdeck zwei. Mir kann ja nichts passieren, ich habe ja den Zettel mit der Nummer noch, sinnierte ich frohgemut über meine Cleverness. Lange Rede, kurzer Sinn: Ich bin auf Ebene zwei, sie ist nicht grün, den Parkplatz mit der Nummer 234 finde ich beim besten Willen nicht. Aber ich finde ein Kassenhäuschen, vor dem viele erregte Menschen stehen. Ich entnehme den aufgeregten Worten, dass außer mir wohl noch mehr Leute ihr Auto nicht finden. Geduldig gibt der Herr in der Kasse Auskunft: „Die Nummer gibt es hier gar nicht. Sie sind im Haus Messe 3. In welchem Parkhaus haben Sie denn Ihr Auto geparkt?"

Ich sollte vielleicht an dieser Stelle noch einige Worte zum Thema Orientierungssinn verlieren. Immerhin, das M hat sich zwar als richtig erwiesen, aber ich habe schlichtweg im falschen Parkhaus gesucht. Ein paar Worte mehr, die ich notieren muss: die Adresse des Parkhauses.

Im Moment jedoch reicht mir's: Ich kann tun und lassen

was ich will, die Parkhäuser sind mir immer eine Nasenlänge
voraus.

Von Hoch- und Tiefstaplern

Es gibt ja Leute, denen kann nichts teuer genug sein.

Nur vom Feinsten, selbstverständlich. Von Calvin Klein bis
Kaviar wird immer nur teuer und markenbewusst eingekauft.
Manchmal frage ich mich schon, wo die Leute das Geld her-
nehmen, wo doch alle am Jammern sind.

Aber es geht ja auch anders, wie ich jetzt immer öfter fest-
stelle. „Ganz billig, die Bluse, da habe ich echt ein Schnäppchen gemacht“, sagt sie und dreht sich stolz im Kreis der
Blusenbewunderer.

Sieht ja echt schick aus, die Bluse, und die soll so günstig
gewesen sein? „Na, wer's glaubt, wird selig“, höre ich meine
Nebenfrau gehässig flüstern.

So was, denke ich, kann man es denn keinem recht machen. Einmal wird gehetzt über die Leute, die ihr Geld nur
für Klamotten und teuren Fraß zum Fenster rauswerfen, wenn
dann aber einer offen zugibt, dass er Schnäppchen macht, ist
es auch wieder nicht recht.

Offengestanden, ich gehöre auch zu den „Tiefstaplerinnen“.
Es geniert mich, wenn ich Komplimente bekomme, und dann
will ich nicht den Eindruck erwecken, ich würde zu viel Geld
für Klamotten ausgeben. Jedes Kompliment, meine Kleidung
betreffend, spiele ich sofort runter: „War nicht teuer, 14,99
Euro – runtergesetzt. Da muss man doch zugreifen.“ – „Die
schicke Lederjacke – ach, die habe ich im Winterschlussverkauf
bekommen, spottbillig, und die Jacke meines Mannes – reden wir nicht drüber, die war auch ganz günstig.“ Kann ich
nicht mal die Klappe halten?

Glaubt ja sowieso keiner, bin ja gerade Zeugin einer solchen Unterhaltung geworden.

Und jetzt hat mein Mann eine ganz schicke Jacke gekauft, Sonderangebot und 20% Rabatt obendrein. „Untersteh dich, einen Ton zu sagen", zischt mein Göttergatte mir zu, „lass die Leute doch einmal in dem Glauben, wir hätten Geld zu viel."

Von mir aus, sollen sie haben: „Der Rock ist aus Barcelona, teure Designer-Ware, die Schuhe, ach, die Schuhe sind von meinem letzten Trip nach Rom. Meine Bluse war schweineteuer, reden wir besser nicht darüber. Ich kaufe am liebsten in Frankreich und Italien."

Besser so?

DER GEHEIMBUND DER HAUSGERÄTE

Können Spülmaschinen sprechen?

Gerade habe ich meine Spülmaschine bestückt. Die Feier ist vorüber und ich möchte morgen eine saubere Küche haben. Alles ist bestens durchdacht, der Tagesablauf steht fest. Auch die Waschmaschine werde ich gleich beladen und …

So viel zu meinem Plan. Doch die Technik macht mir einen Strich durch die Rechnung. Die Spülmaschine gibt seltsame Geräusche von sich. Also, so denke ich, hat sie doch gesprochen?

Quatsch, denke ich, Spülmaschinen sprechen nicht, sie sind flüsterleise, wenn man der Werbung glauben darf. Aber ich bin sicher, dass sie gerade „wart's nur ab" gesagt hat.

Wenige Minuten später, ich will heißes Wasser laufen lassen, wackelt der Wasserhahn und zieht mir eine lange Nase. Es sieht aus, als hätte er den Kopf geschüttelt. Bin ich verrückt, was ist mit mir los?

Ich gehe ins Bett und verschiebe die Arbeit auf morgen.

Morgen ist Freitag. Beim Aufstehen kommt es mir seltsam kühl vor. Als ich ins Badezimmer komme, fröstele ich.

Ich gehe der Sache nach, klarer Fall, der Heizkörper ist kalt. Das Wasser kommt auch kalt aus der Leitung. Brrr. Ich bin schlagartig hellwach und ahne Schreckliches. Kurzschluss? Im Sicherungskasten sieht alles o.k. aus. Das war nicht die Ursache. Aha, denke ich, Heizung kaputt und mir wird klar, was für ein Tag heute ist: Freitag, noch nicht einmal der 13. – ein ganz normaler Freitag eben. Es ist eine alte Binsenweisheit und ich erzähle Ihnen somit nichts Neues: Heizungen gehen generell im Winter kaputt und dann am liebsten an einem saukalten Wochenende. Ich muss wohl nicht erwähnen, dass ich in solchen Situationen immer alleine bin.

Ich rufe am besten den Notdienst an, schließlich steht das Wochenende bevor. Außerdem erinnert mich die Situation an Weihnachten. Da war auch die Heizung ausgefallen. „Dann rufst du eben den Notdienst", habe ich zu meinem Mann gesagt.

„Notdienst? Hast du Notdienst gesagt? Ist dir klar, dass die Leute auch mal feiern wollen. Kein Wochenende, an dem die nicht raus müssen."

Mein Mann hat ja Recht, aber was kann ich dafür, wenn die Heizung immer sonn- und feiertags den Geist aufgibt?

Immerhin sind wir seitdem stolze Besitzer eines Kamins. Wenigstens das Wohnzimmer wird warm.

Doch was nutzt mir der schönste und feurigste Kamin, wenn die Spülmaschine kaputt ist? Sie verstehen den Zusammenhang nicht? Ich rede darüber, dass in meinem Haushalt geheime Absprachen getroffen werden. Meine Hausgeräte scheinen in einem Geheimbund organisiert. Warum, so frage ich, geht die Waschmaschine garantiert dann kaputt, wenn ich von einem dreiwöchigen Urlaub Berge von Wäsche mit nach Hause gebracht habe? Warum, will ich wissen, warum gibt meine Spülmaschine den Geist auf, wenn ich gerade 20 Gäste bewirtet habe? Und warum, ja warum geht die Heizung immer am Wochenende kaputt?

Vielleicht kennt ja der Notdienst die Antwort.

DER FRÜHLINGSKATER

Nichts wie raus! Ich kann es kaum erwarten. Die ersten Sonnenstrahlen haben meine Lebensgeister aufgeweckt. Ich spüre förmlich in meinen Knochen, dass es an der Zeit ist, mich an der frischen Luft zu bewegen. Wie heißt es doch so schön: Um sportlich aktiv zu sein, braucht man keine große Ausrüstung. Die Füße, ein paar ordentliche Schuhe und dann nichts wie losmarschiert.

Mit ein paar Stöcken, heutzutage wandert man so, mache ich mich frohen Mutes auf den Weg. Kein Weg zu weit, kein Berg zu hoch, auch wenn es nur der Rochusberg ist. „Hinaus in Gottes schöne Welt", trällere ich bei jedem Schritt und genieße mit jedem Stockeinsatz meine Entschlossenheit. Nach einer Stunde, mein Gesicht ist gerötet, ich schwitze, was das Zeug hält, mache ich mich wieder auf den Heimweg.

Ich bin stolz auf mich. Unterwegs sind mir meine Mitmenschen mit einem freundlichen Lächeln begegnet. Was so ein paar Sonnenstrahlen doch ausmachen, denke ich, und habe nach allen Seiten freundlich gegrüßt.

Einige Meter später treffe ich auf ein Wandergrüppchen, das nicht mehr ganz so frohgemut wirkt. „Na", scherze ich, „machen die alten Knochen nicht mehr richtig mit?" Ich sollte wohl erwähnen, dass ich diese Walker kenne, sonst hätte ich mir den etwas derben Spruch nicht erlaubt. „Wir haben uns wohl ein bisschen viel zugemutet", bekomme ich zur Antwort und denke insgeheim: Man muss es ja nicht gleich übertreiben, man sollte seine Grenzen kennen. Mit großen Schritten und noch guter Dinge setze ich meinen Weg fort.

Zuhause angekommen, entscheide ich mich ob des schönen Wetters für den Garten. Nicht etwa die Liege, nein, ich greife nach Harke, Rechen und Pflanzgerät. Jetzt soll es auch im Garten Frühling werden. Was mache ich zuerst? Ich fühle mich so aktiv und dynamisch, wie nie zuvor. Kräuterbeet, Blumengarten, alles kriegt den letzten Schliff. Doch, was ist das? Aufstehen, bücken, knien, plötzlich spüre ich jeden Muskel. Mein Rücken meldet sich schmerzhaft und so beschließe ich, eine Pause einzulegen. Meine gebeugte Haltung und meinen hochroten Kopf kommentiert mein Göttergatte mit: „Na, machen die alten Knochen nicht mehr so richtig mit, hast dir wohl ein bisschen viel zugemutet?"

Kommt mir seltsam bekannt vor, der Spruch, denke ich, und ignoriere ihn für den Augenblick.

Am Abend gönne ich mir heimlich Rotlicht und steige in die Wanne. Am Tag danach: Ich komme kaum aus dem Bett, spüre jeden Muskel und bewege mich wie eine alte Frau. Was ist aus meinem Elan geworden? Meine Knochen signalisieren Alarmstufe Rot und im Radio höre ich, dass man es langsam angehen lassen soll. Auch, wenn die Sonne lockt. Ein Gutes, dass ich nicht alleine bin mit diesem frühlingshaften Muskelkater.

VON NATUR AUS SCHÖN

Seit neuestem benutzt er meine Creme nicht mehr!
Ist wohl doch ein bisschen eitler geworden, der Herr. Und ich habe mich schon gewundert, dass seit einiger Zeit meine Pflegeserie viel länger hält als früher.
Jetzt bin ich ihm auf die Schliche gekommen.
Unglaublich, der Mann, der Pflege immer für Frauensache

hielt, hat sich seine eigene Pflegeserie zugelegt. Jetzt ist mein Schatz wohl doch in die Jahre gekommen. Aus, vorbei mit der Naturschönheit! Was hat er nicht immer gelästert. Über Frauen, die sich schminken und mit dicken Cremeschichten ihre Männer erschrecken.

Na ja, und dann hat er ja eine Weile heimlich meine Cremetöpfe benutzt. Und jetzt hat er im Onlineshop die Pflegeanleitung für den Mann von Welt entdeckt. Unter „Männerpflege" hat er sich kundig gemacht. Und erfahren, dass Gesundheit und gepflegtes Aussehen die wahren Männer ausmacht. Sogar die Seite mit den Haarcolorationen für Männerhaar hat er aufgeblättert.

Kommt jetzt die Midlifecrisis? Wohl kaum. Er hat endlich verstanden, dass nicht Wasser und Seife den echten Mann ausmachen, sondern die Pflege dazugehört. Er, der mir immer erklärt hat, dass der kleine Unterschied eben in der natürlichen Schönheit des Mannes läge, was unzweifelhaft mit der dickeren Männerhaut zusammenhänge, und er daher weitaus unempfänglicher für Faltenbildung sei, ist jetzt wohl doch von seinem männlich-markanten Aussehen nicht mehr so ganz überzeugt.

Ja, auch wenn es heißt, dass Männerfalten erst wirklich interessant machen, und graue Schläfen sowieso: Die „Pflege mit System" für den Mann hat ihn bekehrt. Und während ich so heimlich im Onlineshop für Männer weiterblättere, muss ich lachen. Da steht doch tatsächlich unter „Pflege mit System": Nasenhaare schneiden und Ohren säubern, Zähne putzen. Ist diese Ausführlichkeit wirklich nötig?

Meiner hat das auch ohne Anleitung schon ganz alleine hingekriegt.

Ach Gott, die Schmerzen. Es zieht hier, es drückt da, und beim besten Willen lassen sich die Blessuren nicht mehr einfach so wegstecken. Mal abgesehen davon, dass durchzechte Nächte sich auch nicht mehr so einfach abschütteln, geschweige denn, wiederholen lassen.

Ich bin im besten Ersatzteillageralter.

Allein dieses Wort bereitet mir Kopfschmerzen, und ich denke darüber nach, ob nicht ein Schraubgewinde Abhilfe schaffen könnte. Wenn mein Kopf schmerzt (Gründe siehe oben), nehme ich mir einfach so lange einen neuen, bis der alte Kopf mit den Schmerzen aufhört. Dann tausche ich die Köpfe wieder aus. Der Gedanke, meine Zähne beim Zahnarzt abzugeben und mir für die Dauer der Behandlung einen Satz neue zu kaufen, liegt schon lange klar auf der Hand.

Die Ideen in meiner Gehirnschublade sind schier unerschöpflich, wenn es darum geht, defekte Körperteile auszutauschen. Es kann doch so schwer nicht sein, bei meinem Auto klappt es doch auch. Beule rechts, Beulendoktor macht neue Leiste dran, schon ist alles wieder o.k.

Logisch kostet das Geld, aber die Gesundheit kostet sowieso schon eine ganze Stange. Sie zahlen und ich zahle auch monatlich Unsummen für die Gesundheit, da muss doch so eine simple Lösung wie Ersatzteil auf Bestellung drin sein. Ich meine natürlich keine komplizierte Operationen, ich meine Abschrauben und Austauschen. So wie die Krankenschwester bei der zweiten Kaiserschnittentbindung vorschlug: „Lassen Sie sich doch gleich einen Reißverschluss einnähen."

Sollte wohl ein Scherz sein, aber mich hat der Gedanke fasziniert. Das wären doch echte Neuerungen in der Medizin, geradezu revolutionär wäre das.

Ich stelle mir das herrlich vor: Der Nacken verspannt: „Wir haben da gerade einen sehr jungen Nacken auf Lager, noch völlig unverbraucht und ohne Schäden." Den würde ich sofort gegen meinen tauschen, denn gerade heute ist es wieder so weit. Mein Nacken ist so verspannt (ich weiß, das kommt vom vielen Tippen), aber an der Tatsache, dass ich tippen muss, ist nun mal nicht zu rütteln. Also, rüttle ich doch lieber an meinen Klapperknochen. Bitte, bitte, liebe Wissenschaft, so ein Ersatzteillager wäre doch gar nicht so schlecht.

Schon gut, ich höre auf damit. Ich höre euch schon rufen und klagen. Keine Missverständnisse bitte. Was ich will, das hat mit schlichtem Selbstzweck zu tun: Was könnte ich Kurzgeschichten schreiben, wenn mein Nacken nicht so wehtäte.

Mit George Clooney in der Umkleidekabine

Spiegel können grausam sein. Besonders die Spiegel in den Umkleidekabinen der Geschäfte gehen mit einer Erbarmungslosigkeit zu Werke, dass es einen graust.

Und warum, so frage ich mich, sind auf allen Werbeplakaten immer nur die ganz jungen und superschlanken Girls und Boys abgebildet? Ja, sogar wenn bis Größe 56 geworben wird, abgelichtet werden immer die Superbodys. Und jetzt wünsche ich mir, dass die Umkleidekabinen mit der Zeit gehen.

Wie wäre es denn, natürlich nur unter dem Aspekt der Verkaufsförderung, wenn in den Kabinen sanftes Licht eingesetzt würde? Oder noch besser, man könnte Solariensonne dort tanken. Schließlich weiß jeder, dass auf zart gebräunter Haut jeder Bikini und jede Badehose noch mal so schick aussieht. Überhaupt, wenn schon Spiegel, warum denn nicht mal ein „Schlank-Spiegel"? Endlich hätte ich mal einen Körper wie Julia Roberts. Mein Gesicht und ihr Körper, der Gedanke ist verlockend.

„Halt!", meldet sich mein Mann zu Wort, „wenn ihr Frauen Julia Roberts kriegt, was wird dann aus uns Männern?"

Nun, ich bin mir nicht sicher, ob er unter seinem Kopf ihren Körper haben will, aber schon belehrt er mich eines besseren: „George Clooney, das wäre doch mal was! Oder in der Sportabteilung, da könnte doch André Agassi seinen Körper zur Verfügung stellen."

„Dann möchte ich aber bei der Anprobe den trainierten Körper von Steffi Graf", trumpfe ich noch auf.

Schon wird mir klar, dass dieses Kopf-Körper-Puzzle zu nichts führt. Schlussendlich muss ich die Klamotten mit meinem Body in Einklang bringen, und nicht umgekehrt. Es bringt auch meinem Sohn nichts, wenn Handballidol Kretschmar ihn im Spiegel anlächelt, laufen und werfen muss der Junge später selbst, da nutzen auch die schönsten Tattoos nichts.

Ach ja, einen Lufterfrischer könnte ich in manchen Umkleidekabinen auch gebrauchen. Denn was sich da manchmal an Ausdünstungen ansammelt, das ist nicht von schlechten Eltern. So sehe ich also die Umkleidekabine der Zukunft vor mir. Eine Duftberieselungsanlage setzt sich in Gang, sobald der Vorgänger die Kabine verlässt. Ähnlich wie bei automatischen Toilettenanlagen, sind alle „Hinterlassenschaften" ausgemerzt. Sanftes Licht bricht sich in einem Schlankspiegel und begrüßt mich so beim Eintreten. Danach habe ich die Wahl, ob ich die Kleidung meinem eigenen Körper anvertraue oder lieber Julia Roberts für mich Modell steht.

Es wirkt schon. Allein die Vorstellung, dass ich die Umkleide so beeinflussen könnte, beflügelt meine Kauflust. Ich halte ein Stückchen Stoff in der Hand, das laut Etikett ein Abendkleid sein soll. Mal sehen, wie es an meinem neuen Körper wirkt.

„Sie hat immer nur Anschläge, und ich hab' die Arbeit", sagt mein Mann

Zugegeben: Das bedauernswerteste Geschöpf unter der Sonne scheint mein Mann zu sein. Denn mir fallen ständig neue Dinge ein, die im und um das Haus herum verändert werden müssten. „Der Garten könnte mal wieder deine Aufmerksamkeit vertragen!" Oder: „Wir müssten das Wohnzimmer neu tapezieren und unsere Küche hat einen neuen Anstrich nötig." So und ähnlich klingen meine mehr oder weniger versteckten Anschläge an meinen Mann.

Für ihn sind solche Bemerkungen der reine Horror. Er weiß genau, was das im Klartext für ihn bedeutet. Mit einem Wort: ARBEIT. Er ist außerdem sicher, das Grundübel meiner Renovierwut zu kennen. Die Zeitschriften mit ihren bunten Bildchen sind schuld. „Die setzen dir nur immer wieder neue Flausen in den Kopf und wer hat die Arbeit? Immer nur ich!", sagt mein Mann.

Vor mir liegt die Zeitschrift „Mein schöner Garten". Rosa Tulpen und lila Vergissmeinnicht in farbenfroher Harmonie. Lauschige Gartenplätzchen, Lauben und schön gepflasterte Pfade machen den Garten zum Erlebnis, ist da zu lesen. „Solche Zeitungen gehören verboten", sagt mein Mann. „Hast du die abonniert? Dann bestell sie gleich wieder ab. Dabei kann, außer Arbeit, nichts Gutes rauskommen."

Ich ziehe mich beleidigt zurück. Ich halte mich für kreativ und bin stolz auf meine immer neuen Vorschläge. Wäre es so gemütlich bei uns, wenn ich nicht immerzu neue Ideen hätte? Meinen jüngsten Traum allerdings hat mein Schatz schon im Ansatz vereitelt. Ich hatte geträumt und habe ihn gleich geweckt. Vor meinem nächtlichen, geistigen Auge war mir ein Wintergarten erschienen. Ein Prachtstück von Wintergarten. Ich hätte ihn zeichnen können, so klar konnte ich ihn sehen. Von der Treppe aus einen Durchbruch nach draußen, dann in zweiter Ebene – das Garagendach wollte ich auch in meine Pläne einbeziehen – eine gemütliche Sofaecke mit Blick auf den Rochusberg. Zur Krönung, die Dachschräge würde ich auch noch nutzen können, hätte man noch einen wunderbaren Arbeitsplatz integrieren können. „Das war ein Alptraum", sagt mein Mann. „Hast du auch gleich die Preise mitgeträumt? Was dir da im Kopf herumspukt, hat die Ausmaße eines Ein-Familien-Hauses. Träum weiter", sagt mein Mann, „aber verschone mich mit Arbeit."

FUSSSCHWEISS ERFÜLLT DEN TATBESTAND DER KÖRPERVERLETZUNG

Wie peinlich! Verlegen trete ich von einem Fuß auf den andern, unschlüssig, ob ich mich den Gepflogenheiten meiner Gastgeber anpassen soll oder nicht.

Es wäre reine Höflichkeit, die Schuhe auch auszuziehen, ich aber meine, in meinem besonderen Fall wäre es höflicher, die Schuhe anzulassen. Ich will damit sagen, dass die Menschen in meiner Umgebung leicht zu Erstickungsanfällen neigen, weil meine Füße, ich sage es wirklich ungern, erbärmlich stinken. Ich höre schon die Lästermäuler „waschen soll helfen" sagen. Glaubt ja nicht, ich hätte es nicht versucht. Die tollsten Tricks habe ich schon ausprobiert. Geholfen hat weder Puder, das gab nur Krümel, auch das Spezialdeodorant, extra für die Füße, hat mich nicht überzeugt und Zeitungspapier in die Schuhe zu stopfen ist und bleibt mir zu unbequem, ist also nur über Nacht zum Trocknen geeignet, nimmt aber nicht den Geruch. Ich habe schon alles versucht, alle guten Ratschläge angenommen, geblieben ist: mein Fußschweiß. Von Fußschweiß zu Angstschweiß ist es in meinem Fall nicht mehr weit. Arzttermine vereinbare ich grundsätzlich frühmorgens. Dann ist die Geruchsbelästigung noch am geringsten. Doch je weiter der Tag voranrückt, umso größer ist die Gefahr, dass das Freilassen meiner Füße den Tatbestand der Körperverletzung erfüllt.

Waschen, waschen, waschen. Ja, aber bitte wo? Jetzt, beim Betreten der Wohnung, kann ich doch schlecht eine Waschschüssel für mich beantragen. Obwohl, bei den Japanern ist das so üblich. Warum also nicht auch bei uns? Ich jedenfalls habe aus meiner Situation gelernt. Ich bitte bei mir zuhause keinen Besucher, seine Schuhe auszuziehen. Ich weiß wohl warum. Die Kinder ziehen die Schuhe meist freiwillig aus und laufen auf Socken durch die Wohnung. Deren Füße stinken nicht, und falls doch, stören sie sich nicht im geringsten daran. Ein Loch im Strumpf ist auch kein Verhängnis. Mein Sohn sagt zum Beispiel, auf ein Loch im Strumpf angesprochen: „Die kauft meine Mama so", und das Thema ist für ihn erledigt. Peinlich ist es wieder nur für mich. Und was, wenn ich jetzt die Schuhe auszöge und auch bei mir ein Lüftungsloch zum Vorschein käme? Nicht auszudenken. Lieber nehme ich den schrägen Blick in Kauf und bekenne mich zu meinen Schweißfüßen. Sollen doch die Leute denken, was sie wollen. Meine Schuhe übernachten auf der Veranda, meinen Schuhschrank habe ich für mich alleine, weil alle Familienmitglieder Angst vor Ansteckungsgefahr haben. Wir haben uns mit meinen Füßen arrangiert. Im Alter, so sagt man, würde der Fußschweiß von alleine nachlassen. Na, wenn das kein Trost ist: Ich zähle die Jahre.

MÄNNER AM HEIMISCHEN HERD: EMANZIPATION HAT IHRE GRENZEN!

Jetzt ist er zu weit gegangen. Meine Domäne hat er mir streitig gemacht. Meine Lieblingspfanne entehrt.

Hier hat die Emanzipation eindeutig ihre Grenzen. Wo kämen wir denn hin, wenn plötzlich alle Männer den Kochlöffel schwingen würden? Der Hobbykeller hat ausgespielt, hoch lebe der Hobbykoch! Und wie er lebt. Mein Schatz blüht auf, wenn er seine Kreationen anpreist. Er zieht sogar seit neuestem eine Schürze an und findet sich dabei in bester Gesellschaft. Die Technikfreaks von gestern haben eine neue Domäne für sich entdeckt. Mit allem Schnick-Schnack ausgerüstet, wird bei uns seit einiger Zeit männlich gekocht. Kein Messer ist mehr gut genug in unserem Haushalt. Sogar einen Ananasschäler nennen wir seit kurzem unser eigen. Wo das noch hinführen soll, frage ich mich. Wenn ich früher ein neues Messer gekauft habe, hat er nur gesagt: „Wozu, wir haben doch Messer genug." Jetzt sieht die Sache anders aus. Er durchkämmt die Haushaltswarenabteilung. Liebevoll fährt er über des Messers Schneide, prüft sorgfältig, wägt ab, bevor er sich zum Kauf entscheidet. „Das ist mein Messer!" Puh, jetzt wird er auch noch pingelig, nachdem er früher meine Messer als Schraubendreher missbraucht und alle Spitzen abgebrochen hat.

„Ach, dein Mann kann kochen! Hast du es gut!"

Hoppla, jetzt wird er auch noch bewundert. Da muss ich aber höllisch aufpassen, andere Frauen scheinen auf kochende Ehemänner zu stehen. Und wie zum Beweis lese ich, dass Männer, die kochen können, eindeutig die besseren Chancen beim weiblichen Geschlecht haben.

Bei den Singles wohlgemerkt, wir Ehefrauen kennen ja das Küchendrama aus nächster Nähe. Wir wissen, dass der Herr des Hauses zwar kocht, aber niemals aufräumt. Wir wissen, dass er bisher noch jede Pfanne ruiniert hat, weil er vergisst, die Herdplatte runterzuschalten. Wir wissen, dass er zwar Töpfe mit Glasdeckel bevorzugt, aber dennoch alles anbrennen lässt. Wir wissen auch, dass er seine Kunst in der Volkshochschule im neuen Männerkochklub erworben hat und nicht etwa daheim. Plötzlich rotten sie sich zusammen, die

Stammtischbrüder von gestern. Statt im Fernsehen die Heimwerkersendung anzusehen, wird plötzlich jede Kochsendung geguckt, um später mit Tim Mälzers Kochtricks und Wissen zu prahlen. Mein lieber Scholli, das eine sag' ich dir, lass dir ja nicht einfallen, mit dem Wischlappen alles nur auf den Boden zu scharren, wie im Fernsehen. Das gefällt mir schon bei den Fernsehköchen nicht, das gefällt mir bei meinem heimischen Sternekoch noch viel weniger. Und glaube nicht daran, dass unter unserem Herd ein kochtopffressendes Loch auf sämtliche Schüsselchen und Schälchen, Löffelchen und Töpfchen wartet, bei uns wird noch alles von Hand in die Spülmaschine geräumt. Wir kochen wie im richtigen Leben und nicht wie im Fernsehen, gelle, ihr Kochmützen!

MIT DEN ARGUSAUGEN EINER FRAU

Zwölf Uhr. Mittagspause. Ich eile wie immer in den Supermarkt. Vertraute Gesichter. Da steht er wieder, die Einkaufskarre fest in beiden Händen, den Hut mit dem Kniff in der Mitte, keck auf dem Kopf. Er wartet geduldig. So wie jeden Tag.

„Mutti, brauchen wir Orangensaft?"

„Nein, Papa, lass mal, wir haben noch zwei Flaschen, das reicht."

Ach wie schade, er hätte sich gerne eingebracht, sich aktiv am Einkaufsgeschehen beteiligt, doch nein, er ist (wieder einmal) zum Warten verdonnert. Na gut, schiebt er eben den Wagen ein kleines Eckchen weiter (Mutti wird es schon nicht merken) – und schaut sich verstohlen im bunten Sortiment um.

Irgendwie finde ich das liebenswert. Die beiden älteren Herrschaften reden sich wirklich mit ‚Mutti' und ‚Papa' an.

Zwei Flaschen Orangensaft reichen noch völlig – das könnte mir nie passieren. Ich gucke entsetzt in meinen Einkaufswagen und denke mit Schrecken daran, wie schnell diese Unmengen von Einkauf wieder in den Mägen meiner Familie verschwunden sein werden. Da, er ist wieder ein Stückchen weitergefahren. Mit Kennermiene begutachtet er die Tomaten. Scheinen in Ordnung zu sein und schwupp, hinein in den Wagen. Doch mit den Argusaugen seiner Frau hat er wohl nicht gerechnet. „Ach Papa, was wollen wir denn mit so vielen Tomaten, die können wir so schnell gar nicht aufessen. Nimm lieber eine Gurke."

Mit einem kleinen Murren packt der so gescholtene die Tomaten wieder aus. „Mutti, du weißt doch, dass ich Gurken nicht gut vertrage, die stoßen mir immer so auf."

Aber sie duldet keine Widerrede. Es gibt Gurke und damit basta. Man kann ja die Gurke schälen, dann wird sie bekömmlicher. Ich kann mich gar nicht satt sehen an den beiden. Sie erledigen ihren Einkauf so alle 2-3 Tage gemeinsam. Ich finde das einfach klasse. Auch wenn er dabei oft so verloren wirkt mit seinem Wägelchen. Meistens kommen seine Vorschläge nicht besonders gut bei ihr an. Sie hat das Regiment in der Küche und damit Schluss. (Was weiß er schon vom Einkauf?!) Seit Jahren schon läuft das so. Er schiebt den Wagen, sie läuft von Regal zu Regal und besorgt die Sachen. Das kleine Zettelchen in der Hand ist eigentlich überflüssig, sie würde das locker auch ohne schaffen – ihr Gedächtnis ist noch prima. Sie schaut mich an – wir kennen uns und ihr verschmitztes Lächeln heißt so viel wie: „Na, haben Sie gesehen, wie er wieder was in den Wagen schummeln wollte? Ja, ja, wir Frauen wissen schon, was abläuft, gell?"

Und wer weiß, vielleicht schiebt in, na, sagen wir mal 20 Jahren mein Mann auch so geduldig das Wägelchen, nur den Hut könnte er mir ersparen. Bei uns läuft das noch ganz anders ab – aber davon gleich.

Bei uns – und in tausend anderen Ehen – läuft das noch ganz anders. Mit weniger Ruhe und viel mehr Hektik. Wir müssen unsere gemeinsamen Einkäufe regelrecht vorbereiten, planen. Da wird eine Liste gemacht und danach gehen wir dann systematisch vor! Systematisch sage ich, und das hat seinen Sinn. Wir können gar nicht anders, als nach Plan einkaufen. Das liegt aber nicht an mir, sondern eher an meinem Mann. Wir haben gerade renoviert. Uns fehlen noch ein paar Deckenleisten, der Holzleim ist alle und wir haben uns vorgenommen, auch mal nach einer Lampe für unser Wohnzimmer zu schauen. Und das haben wir alles fein säuberlich notiert. Die Maße für die Leisten inbegriffen. Nun, unser Weg führt durch den Baumarkt. Ich bleibe natürlich sofort bei den Lampen stehen.

„Lass uns doch zuerst die wichtigen Dinge kaufen", erklärt mein Mann. „Das mit der Lampe können wir zum Schluss regeln."

Aber ich weiß, dass die Lampe wahrscheinlich auf der Strecke bleibt – und dabei bin ich doch eigentlich nur deshalb mitgefahren. Holzleim und Deckenleisten könnte mein Mann ebenso gut alleine besorgen. Nun ja, so läuft das eigentlich immer. Wir sind losgefahren, um nach etwas Speziellem Ausschau zu halten. Aber ich, ja ich habe noch so viele andere Dinge im Kopf, und da bleibe ich natürlich auch hin und wieder stehen. Ob das beim Klamottenkauf oder beim technischen Einkauf ist, wir passen da nicht so ganz zusammen. Er ist immer eine Spur voraus.

Letztens wollten wir einen Anzug für ihn kaufen. Zielstrebig haben wir unser Ziel, die Anzugabteilung, angesteuert. Auf dem Weg dorthin gab's wunderschöne Herrenpullis, tolle Qualität und überhaupt … Aber er ist nicht zu bremsen. ANZUG, ANZUG, ANZUG blinken seine Augen. Nicht rechts, nicht links geschaut. „Brauche ich einen Anzug oder einen Pulli?"

Nun, die Frage ist durchaus berechtigt, aber man wird doch mal gucken dürfen. Und wenn doch gerade jetzt die Pullis auf dem Weg liegen.

Nein! Und nochmals Nein! Er sieht das anders.

Nach Plan wird vorgegangen und nicht nach Gutdünken. Wo kämen wir denn hin, wenn ständig alles über den Haufen geworfen würde. Nun, ich mache es kurz. Wir haben keinen schicken Anzug gekauft. Aber immerhin ein Hemd und einen passenden Schlips haben wir. Der Pulli, ja der musste leider hängen bleiben. Es war schon zu spät. Ladenschluss!

Aber wir können ja morgen oder am Samstag noch mal losgehen. Dann ist der Pulli sicher auch noch da. Zeitverschwendung sage ich da nur, pure Zeitverschwendung. Und nun müssen wir sowieso noch nach dem entsprechenden Anzug Ausschau halten. Es wird jetzt noch schwieriger, weil Hemd und Schlips – na, Sie wissen schon.

MEIN T-SHIRT, DIE SCHOKOLADE UND ICH

Ich sehe aus wie ein Schwein, bin mit Schokosoße bespritzt. Das wäre ja gar nicht so schlimm, wenn ich nicht im Zug sitzen würde. Wieso, so frage ich mich, wieso passieren solche Sachen immer nur mir?

Es ist, wie es ist, und nicht, wie es sein soll, fällt mir da ein. Dieser Spruch hat mich schon oft vor einem Nervenzusammenbruch gerettet. Doch heute will mir diese kleine Weisheit nicht helfen. Ich gleiche einer Witzfigur, und das, wo ich doch gerade zu einem Vorstellungsgespräch unterwegs bin. Hättest du eben keinen Pudding mit Schokosoße essen sollen, meldet sich meine innere Stimme. Nur zu dumm, dass diese Stimme geschwiegen hat, als ich den Aludeckel mit Schwung – zugegeben, es war ein bisschen Gewalt im Spiel – öffnen wollte. Schwupp, die ganze Soße auf meiner rosa Bluse. Der Hosenanzug hat auch was abbekommen. Alle Versuche, dieses Malheur mit Tempo und feuchten Tüchern zu beheben, sind fehl geschlagen. Da hilft es auch nicht, dass die freundliche Dame von Gegenüber meint, man würde es fast nicht sehen. Wäre ich doch nur mit dem Auto gefahren! Dann hätte ich wie immer noch meinen halben Kleiderschrank dabei. Nein, das entspricht auch nicht ganz der Wahrheit, aber ein bis zwei Wechsel-Shirts oder -Blusen habe ich sonst immer dabei. Doch ich sitze ja in der Bahn! Der Entspannung wegen. „Noblesse oblige", so wollte ich heute auftreten. Doch jetzt gleiche ich eher einem aufgescheuchten Huhn. Meine Eleganz ist futsch.

Scheinbar ruiniere ich mein Outfit gerne. Erst neulich hatte ich mich mit Tomatensoße bespritzt. Natürlich hatte ich ein weißes T-Shirt an. Den Rat meines Sohnes, mich „oben ohne" an den Tisch zu setzen, wollte ich nun doch nicht befolgen. Und, wie hätte es ausgesehen, hätte ich im Zug die Bluse ausgezogen?!

Gestern gab es auch wieder was mit Soße. Ich hatte ein kunterbuntes T-Shirt an. Da könnte es nach Herzenslust drauf spritzen, es würde mich nicht im geringsten stören. Kurz und gut: Es hat gespritzt, nicht auf das Oberteil, nein, da waren ja noch die hellen Jeans. Überflüssig zu erwähnen, dass sie soeben frisch aus der Wäsche kam.

Sie wollen wissen, wie ich das mit dem Vorstellungsgespräch gelöst habe? Bin gar nicht hin. Habe stattdessen einen Einkaufsbummel gemacht und mir eine neue Bluse gekauft, schokoladenbraun übrigens.

Den Hosenanzug brauche ich jetzt nicht mehr.

FRIEDENSNOBELPREIS FÜR LUTZ HEIM

Wir schreiben das Jahr 2006. Der Friedensnobelpreis geht an Muhammed Yunus. Nicht, dass ich dem Mann diese Auszeichnung nicht gönnen würde, nein, er hat sie für sein Werk als Gründer der Grameen Bank in Bangladesch und als Symbolfigur für die Förderung wirtschaftlicher und sozialer Entwicklung von unten verdient.

Aber hätte man mich gefragt, wen ich denn nominieren würde, ich hätte spontan gerufen: Meinen Mann! Lutz Heim.

Er ist für mich ein wahrer Held. Er ist geduldig, liebevoll und friedfertig. Er leidet still für andere, in diesem Fall für mich. Er erträgt, was kein Mann außer ihm ertragen muss: meine wöchentliche Kolumne im Binger Wochenblatt. In nahezu jeder Geschichte hält er den Kopf für andere hin. Und meist weiß er sehr genau, aus welcher Ecke die Informationen stammen, die ich so punktgenau und manchmal gemein formuliert ihm unterschiebe.

Er hätte den Friedensnobelpreis wahrhaftig verdient, denn er trägt sein Los lächelnd und mit unendlicher Nachsicht.

Übrigens: Er poliert sein Auto nicht mit dem Ärmel. Mein Mann fährt bis heute kein Motorrad. Seine Sandalen kauft er selbst und ohne seine gluckenhafte Ehefrau. Er hat weder einen Bauch, noch ist er je als Meistergriller in Schürze mit Socken in Sandalen aufgetreten.

Er ist der arme Kerl, der den Kopf hinhalten muss. Er tut dies stellvertretend für viele Männer in vielen Familien, mit deren Eigenheiten mich meine Informantinnen versorgt haben.

Heldenhaft erträgt er die Schmach, die am Tag nach der Veröffentlichung einer jeden Kolumne über ihn kommt. „Wie, du kannst noch laufen? Gestern stand doch in der Zeitung, du hättest dir beim Training alle Knochen verbogen."

Mein Mann hört ständig solche Sätze. „Ich lese die Kolumne gar nicht", gibt er freimütig zu. „Wenn ich freitags ins Training komme, wird mir sowieso immer alles haarklein erzählt. Warum also selbst lesen?"

Oft genug lacht er sich im Stillen ins Fäustchen. Er kennt meine Pappenheimer und weiß meist sehr genau, wo ich die eine oder andere Sache wieder aufgeschnappt habe.

Ich danke deshalb all meinen treuen „Lieferanten", die in meiner Gegenwart immer noch über familieninterne Themen plaudern. Ich nutze all diese Gespräche ungeniert und schreibe auf Bierdeckel, Weinblätter und nutze, wenn's sein muss, auch den Rechnungsblock der Bedienung für meine Notizen. Manchmal legt sie ihn sogar schon unaufgefordert auf den Tisch, wenn wir mit unserer Clique besonders laut lachen. „Ich weiß schon, gleich braucht die Bernadette wieder einen Stift", sagt sie dann. Auch meine Freundinnen und Freunde aus Nah und Fern finden sich in den Geschichten wieder und amüsieren sich doppelt, weil ja ein anderer (nämlich mein armer Mann) den Kopf hinhalten muss.

Aus der Ferne betrachtet sind die Geschichten alle wahr. Sie sind nur nicht wirklich **meine** Geschichten.

Ich erzähle also ungeniert weiter von den angeblichen Untaten meines Mannes und meiner Söhnen. Und Sie als Leserinnen und Leser wissen, dass es ebenso gut auch bei Ihnen daheim gewesen sein könnte.

Meinen Friedensnobelpreis aber verdient nur einer: Mein Mann Lutz Heim.

DIE AUTORIN

Bernadette Heim, Jg. 1958, ist gebürtige Bingerin und lebt dort auch zusammen mit ihrem Mann und den beiden Söhnen. Sie ist Journalistin und hat seit 1994 eine wöchentliche Kolumne im *Binger Wochenblatt*, wo auch all die hier versammelten Texte zuerst erschienen sind.

2004 veröffentlichte sie ihr erstes Buch im Leinpfad Verlag: **Die Socke im Bermudadreieck**; 2006 folgte **Der Essigmutter-Anschlag** (mit Illustrationen von Fankudo). In der 2005 erschienenen Kurzgeschichtensammlung **Herzkater**, herausgegeben von Petra Urban, ist sie mit *Herr Spinelli geht spazieren*, *Das Kaffeekränzchen*, *Die Familienfeier* und *Die Küche meiner Kindheit* vertreten.